Tú eres lo único que falta en tu vida

Tú eres lo único que falta en tu vida

Libérate del ego a través del Eneagrama

Borja Vilaseca

VERGARA

Papel certificado por el Forest Stewardship Council®

MIXTO
Papel procedente de fuentes responsables
FSC® C117695
www.fsc.org

Penguin Random House Grupo Editorial

Primera edición: enero de 2023

Printed in Spain – Impreso en España

ISBN: 978-84-18620-70-6
Depósito legal: B-20.349-2022

Compuesto en Llibresimes, S. L.

Impreso en Black Print CPI Ibérica
Sant Andreu de la Barca (Barcelona)

VE 2 0 7 0 A

Índice

A Irene, Lucía y Lucas.
Mi maravillosa familia visceral.

La liberación pasa por conocer la cárcel psicológica en la que «tú» estás encerrado, dándote cuenta de que en realidad no existe dicha prisión ni tampoco «alguien» que esté prisionero. No tienes que hacer nada para lograr la libertad. ¿Cómo podrías, si ya eres libre? La ironía es que es el ego el que quiere liberarse de la jaula que él mismo ha creado. Y mientras siga habiendo un *yo* queriendo ser libre, la liberación jamás sucederá. Más que nada porque la libertad no es *para ti*, sino *de ti*. Y deviene cuando tomas consciencia de que el ego es una ilusión. La personalidad es una construcción mental tejida a base de creencias y pensamientos. La auténtica libertad es ser consciente de quién verdaderamente eres. «Eso» es lo único que falta en tu vida.

Sri Ramana Maharshi

I

Mi relación de amor con el Eneagrama

Sin afán de parecer otro fanático más, confieso que mi vida se divide en dos periodos: antes y después del «Eneagrama», siendo 2005 el año que marcaría este gran punto de inflexión. Tenía veinticuatro años cuando oí por primera vez esta palabreja. La hermana de un amigo mío me explicó entusiasmada que se trataba de una herramienta de autoconocimiento muy útil para liberarse del «ego». Dado que no sabía de qué me estaba hablando, me la quedé mirando con escepticismo. Y seguidamente me enseñó el libro *En tu centro: el Eneagrama*, de Maite Melendo, en cuya portada aparecía el dibujo de nueve puntas.

Lo primero que pensé fue que debía de tratarse de algo esotérico y sectario. Además, cualquier enseñanza que oliera a incienso la metía en el cajón de la autoayuda y la pseudociencia. Y no era para menos. Debido al modo en el que había interpretado y procesado una serie de acontecimientos traumáticos que sucedieron durante mi infancia, mi existencia se había convertido en un infierno emocional. Llevaba inmerso en mi particular noche oscura del alma desde los diecinueve años, llegando incluso a pensar seriamente en la posibilidad de suicidarme.

Sin embargo, debido a mi arrogancia me había negado a ir al psicólogo. Y debido a mi orgullo había decidido no tomar ningún antidepresivo. Estaba tan enfadado con el mundo de los adultos que no quería saber nada de ellos. Así es como opté por iniciar una búsqueda filosófica autodidacta para encontrar el sentido de mi sufrimiento. De la noche a la mañana rompí radicalmente con mi entorno social y me puse a engullir sesudos ensayos existencialistas como un poseso. Pero por más conocimiento que acumulara mi mente, mi corazón se ahogaba en un turbulento mar de emociones protagonizado por el vacío, la angustia, la ansiedad, la ira, la melancolía y la depresión...

A pesar del rechazo inicial que me generó ver el símbolo del Eneagrama, era tal mi desesperación que fui corriendo a una librería, la cual estaba a punto de cerrar. Y nada más llegar pregunté extenuado a uno de los dependientes: «¿La sección de autoayuda, por favor?». Reconozco que me dio muchísima vergüenza que me vieran merodeando por ahí. Por dentro me sentía perdido y fracasado. Si a día de hoy el autoconocimiento sigue estando estigmatizado por los prejuicios que tiene la inmensa mayoría, hace veinte años la situación era mucho peor.

Reconozco que al ir a pagar el libro le pedí a la cajera que por favor lo envolviera para regalo. Y sin poder mirarle a los ojos le mentí, diciéndole que era para el cumpleaños de un amigo muy hierbas... Esa misma noche comencé a leerlo con mucha atención y detenimiento. Y desde sus primeras páginas tuve la certeza de que por fin había encontrado *algo* que de verdad podía ayudarme a salir del agujero negro en el que yo mismo me había metido. De hecho, un escalofrío muy intenso recorrió todo mi cuerpo cuando leí acerca del eneatipo 1. Lo subrayé entero. Me sentí observado y desnudo emocionalmente. ¿Cómo podía describir tan acertadamente la raíz de mis problemas, conflictos y perturbaciones? No lo dudé ni un instante: al día siguiente me apunté al curso de fin de semana que aquella autora impartía en Madrid un par de meses más tarde.

Los tullidos de la sociedad

Nada más comenzar el seminario observé que era el más joven de los veinticinco alumnos que nos encontrábamos en aquella sala. La mayoría me doblaba la edad. Se notaba que estaban en plena crisis de los cuarenta: en el ambiente se respiraba cierto aroma a frustración, dolor y tristeza. Durante la ronda de presentaciones constaté que cada participante estaba más hecho polvo que el anterior. Por la forma en la que compartían sus respectivas historias de vida, enseguida verifiqué que nos habíamos juntado los tullidos emocionales de la sociedad.

Seguidamente, la profesora nos pidió que escribiéramos en una pegatina nuestro nombre y el número del eneatipo con el que más nos identificábamos. Luego nos invitó a que nos la pegáramos en el pecho de tal forma que el resto del grupo pudiera verla. Y eso hicimos todos, a excepción de uno de los participantes, que se sentaba justo delante de mí. Si bien había escrito dicha información, se había negado a ponerla a la vista de los demás. Fui el único que reparó en ello. Y la clase continuó como si nada.

Para que te hagas una idea de lo descentrado que estaba en aquella época, el hecho de que aquel hombre no se hubiera puesto la etiqueta empezó a causarme una cierta dosis de inquietud y malestar. Me pasé varios minutos perturbándome a mí mismo pensando en lo insolidario que aquel alumno estaba siendo para con el resto. Estaba tan identificado con el ego que me era imposible pensar en otra cosa.

Esta es la razón por la que levanté la mano con furia, interpelando con mi mirada llena de fuego a la profesora, quien se sintió algo forzada a interrumpir súbitamente su discurso para atenderme. Los demás compañeros se giraron hacia mí con cierta expectación, pues en aquel momento no venía a cuento hacer ninguna pregunta. Y con un tono lleno de enfado le increpé a aquel hombre: «Sé que es el ego hablando a través de mí, pero ¿puedes por favor ponerte la pegatina para que todos podamos verla?». Asustado, no tardó ni un segundo en engancharsela. Y el silencio inundó por momentos toda la estancia. Fue entonces cuando tomé consciencia de que el más atormentado de la sala era yo...

Mi primer orgasmo emocional

Aquel taller de fin de semana significó el inicio de mi sanación y transformación. Y es que ningún libro puede causar tanto impacto como un curso presencial. Cuando la profesora explicó el eneatipo 1 experimenté mi primer «orgasmo emocional». Algo dentro de mí hizo clic y nada volvió a ser igual en mi vida. Me di cuenta de lo ignorante e inconsciente que era y de lo profundamente equivocado que estaba. Lo sentí como una dolorosísima pero necesaria bofetada en toda la cara.

Aquella noche apenas dormí un par de horas. Por primera vez vislumbraba una tímida y diminuta luz al final de mi túnel. Y en mi rostro bañado de lágrimas se dibujó una enorme sonrisa. Al terminar el curso me despedí cariñosamente de Maite Melendo, quien me escribió la siguiente dedicatoria: «Adelante, que llegarás, pero no te exijas tanto». Fue tal el impacto que me causó el Eneagrama, que durante los meses siguientes regalé aquel libro a más de cincuenta personas. Quería que todo el mundo se conociera a sí mismo a través de este mapa de la personalidad. Sentía que *debían* hacerlo. Por eso no dudaba en pegarle la chapa a cualquiera que se cruzara por mi camino.

A su vez el Eneagrama fue la llave con la que abrí una puerta desde dentro, la cual me condujo hacia la espiritualidad laica. Fue entonces cuando empecé a practicar yoga, meditar, respirar conscientemente, comer más sano y, en definitiva, a leer sobre filosofía oriental. Y mientras buscaba en internet más información sobre los nueve eneatipos di a parar —por causalidad— con las enseñanzas de Gerardo Schmedling. Concretamente con *La Aceptología*, un texto que me hizo despertar, experimentando —sin que hubiera un *yo* que la experimentara— la desidentificación egoica durante más de un mes y medio...

Al volver a mi estado ordinario de consciencia, continué tratando de persuadir a mi entorno para que le diera una oportunidad al Eneagrama. La verdad es que no tuve mucho éxito. Me daba de bruces una y otra vez contra el muro de los prejuicios, constatando que si bien podemos ofrecer agua, no podemos dar sed. Finalmente un amigo mío me espoleó con vehemencia: «¡Monta un curso y déjanos en paz de una vez!». Me pareció una idea tan brillante que solo unos meses más tarde organicé mi primer taller de Eneagrama en Barcelona.

Solamente había pasado un año y medio desde que había asistido como alumno. Pero tenía tan claro lo valiosísima que era esta herramienta que no lo dudé ni un instante. Así fue como a los veinticinco años me puse delante de otros quince buscadores para explicarles de forma gratuita en qué consistía el Eneagrama. Y si bien por aquel entonces todavía me causaba pánico hablar en público, a los pocos minutos sentí cómo la vida hablaba a través mío. De pronto no había ni rastro mí; tan solo una indescriptible sensación de entusiasmo y plenitud. Fue entonces cuando tuve la absoluta certeza de que había nacido para hacer accesible este revolucionario manual de instrucciones de la condición humana al máximo número de buscadores posible.

Encantado de conocerme

Con la finalidad de aportar más valor a los motivados alumnos que se animaban a venir a mis clases, redacté un documento con información muy básica acerca de los nueve eneatipos. Lo entregaba al principio de cada seminario, presentándolo como «los apuntes del curso». Con el tiempo fui ampliando y perfeccionando este documento, el cual terminó convirtiéndose en mi primer libro: *Encantado de conocerme. Comprende tu personalidad a través del Eneagrama*, el cual publiqué en 2008. Desde entonces, he hecho todo lo humanamente posible para dar a conocer esta herramienta, llegando incluso a convertirla en una asignatura de la Universidad de Barcelona.[1] Y a presentarla en diversos medios de comunicación masivos.[2]

Ya ha llovido mucho desde entonces. Y lo cierto es que año tras año este mapa de la personalidad está ganando cada vez más popularidad. El boom exponencial del Eneagrama ha llegado a tal punto que está empezando a despertar el interés de la mayoría. Por eso no tengo la menor duda de que llegará un día en que todo el mundo conocerá su eneatipo. Más que nada porque terminará enseñándose en las escuelas.[3] También es verdad que existe el riesgo de que poco a poco se vaya banalizando su uso, volviéndose un mero pasatiempo psicológico.

Sea como fuere, me hace muchísima ilusión publicar un nuevo libro sobre Eneagrama, mucho más completo y exhaustivo. Siento que se lo debo por lo mucho que me ha dado. Mi objetivo ha sido explicar la esencia de cada eneatipo con la mayor profundidad y sencillez posibles, describiendo solamente aquellos rasgos que considero que pueden llegar a tener en común todas las personas que cuentan con un mismo tipo de personalidad. Principalmente porque a veces —al intentar abarcar demasiado— se puede generar el efecto contrario: que los lectores no se identifiquen por no verse reflejados en lo que se describe.

Si bien el Eneagrama nos puede dar muchas pistas sobre el comportamiento general de cada eneatipo en determinadas circunstancias de la vida, es imposible describir exactamente cómo cada uno de nosotros actuaría en dichas situaciones. De ahí que sea fundamental que extrapoles lo que leas sobre cada eneatipo a tu realidad y contexto personales, los cuales van mucho más allá de este manual de instrucciones.

En fin, ya han pasado casi veinte años desde que comenzó mi relación de amor con esta herramienta. Gracias a ella, ahora sé que no soy mi personalidad egoica, sino el ser esencial desde el que puedo observarla. El «tú» al que me refiero en el título de este ensayo no es un «yo», sino una experiencia de presencia, consciencia y dicha que deviene cuando nos desidentificamos del ego.

Es muy común escuchar a cada vez más personas decir que el Eneagrama les ha «cambiado la vida». La verdad es que soy una de ellas. Si todavía no has perdido tu virginidad con este mapa déjame que te advierta: es bastante posible que al mirarte en este espejo del alma empiece a transformarse la manera en la que te concibes a ti mismo. Esencialmente porque en el momento en que empiezas a ser consciente del ego comienzas a liberarte de él. Ojalá tú también tengas tu propio orgasmo emocional al descubrir tu verdadera identidad. Eso sí, por favor, sé muy escéptico y no te creas nada. Atrévete a verificarlo todo a través de tu experiencia personal.

Borja Vilaseca

26 de enero de 2023

II

El misterio que envuelve sus orígenes

A la hora de hablar sobre el Eneagrama hemos de diferenciar entre el símbolo y los nueve tipos de personalidad. Más que nada porque cada uno de estos dos elementos cuenta con su propia historia. De hecho, esta herramienta de autoconocimiento no procede de una sola fuente. Es una síntesis, un híbrido y una amalgama de muchas tradiciones espirituales y religiosas diferentes combinadas con los últimos avances en el campo de la psicología moderna.

Dicho esto, nadie sabe con certeza dónde y cuándo apareció por primera vez el círculo de nueve puntas. La creencia popular más extendida es que se originó en la región de Caldea en Babilonia (Mesopotamia) hace más de dos mil quinientos años.[4] Este diagrama también se relaciona con autores griegos clásicos como Pitágoras (569-475), Platón (427-347) y Plotino (205-270). Tanto para los caldeos como para los griegos, el número nueve era considerado «divino». Lo empleaban para designar lo absoluto, lo infinito y, en definitiva, la unidad de la que todo procede y que todo lo contiene.[5]

Por su parte, el nacimiento de la psicología de los nueve tipos de personalidad se remonta por lo menos al siglo IV en el seno del Imperio romano. Por aquel entonces, un grupo de sabios, místicos y anacoretas cristianos abandonaron las ciudades para irse a vivir a los desiertos de Siria y Egipto y llevar una vida contemplativa. Son conocidos como «los Padres del Desierto». Y a uno de ellos —el teólogo Evagrio Póntico (345-399)— se le atribuye el descubrimiento de una serie de tentaciones con las que tenían que lidiar estos monjes para mantener el estado de presencia durante sus oraciones, meditaciones y ejercicios espirituales.[6]

En esencia, se trata de ocho deseos compulsivos que nos alejan de nuestro centro y nos sumergen en la inconsciencia: «*orge*» (ira), «*uperefania*» (orgullo), «*kenodoxia*» (vanidad), «*lupe*» (envidia), «*filarguria*» (avaricia), «*gastrimargia*» (gula), «*porneia*» (lujuria) y «*acedia*» (pereza). Según los escritos de Póntico, este conjunto de distracciones y vicios egoicos nos llevan a perder la conexión directa con el ser esencial y, por ende, con la divinidad que reside en lo profundo de cada ser humano.[7]

Y no solo eso. En la medida que estos automatismos inconscientes van cristalizando y asentándose en nuestra personalidad, envenenan nuestra forma de pensar, sentir y actuar, convirtiéndonos en seres incompletos e insatisfechos, siempre en busca de más, mejor y diferente.[8] De ahí que para Póntico, cada buscador tenga que emplear una práctica psicoespiritual diferente en función del tipo de pensamientos y emociones dominantes que padece durante su proceso de autoindagación. Dos siglos más tarde, el legado de estos hallazgos lo retomó el papa Gregorio Magno (540-604), quien eliminó la vanidad de esta lista, estableciendo de forma oficial los famosos «siete pecados capitales».[9]

Los diagramas de Ramón Llull

En el siglo XIII, el místico y divulgador Ramón Llull (1232-1316) se propuso definir una ciencia y un lenguaje universal de las ideas, ordenando y clasificando todos los saberes ancestrales relacionados con el despertar de la consciencia. Entre estos, destacaban el legado científico y espiritual de la Mesopotamia y Grecia clásicas, así como del sufismo, la rama mística del islam. En parte de su extensa obra aparecen varios diagramas compuestos por un círculo de nueve puntas, el cual simboliza la unidad y totalidad de la existencia. Y en ellos sitúa los que —según él— son los nueve vicios humanos y los nueve atributos divinos, por medio de los que intenta explicar todas las facetas y posibilidades evolutivas de nuestra naturaleza.[10]

Cinco siglos más tarde, el místico y escritor George Ivánovich Gurdjieff (1866-1949) viajó por todo el mundo para profundizar sobre la «filosofía perenne». Es decir, los principios universales acerca de la naturaleza de la realidad y del propósito de nuestra existencia que comparten todos los sabios de distintos pueblos, culturas y épocas. Su obra hace constantes referencias a la civilización babilónica en general y a «la Hermandad Sarmoung» en particular, quienes son considerados los fundadores de la sabiduría antigua. Se trata de una comunidad de místicos que vivieron retirados en las montañas de la región de Caldea hace más de dos mil quinientos años y de donde —según él— procede el actual símbolo del Eneagrama.[11]

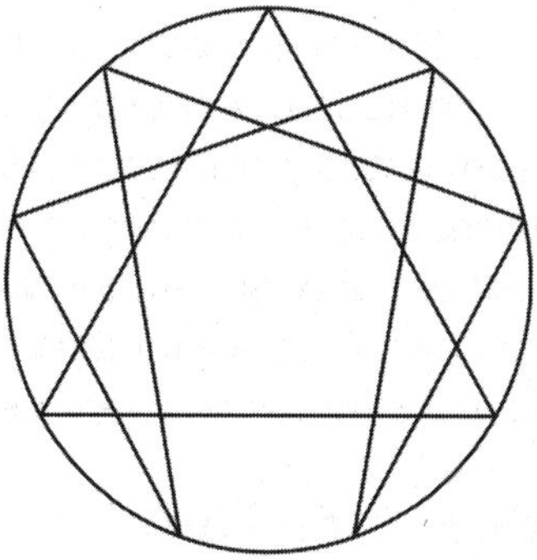

Finalmente, en 1916 Gurdjieff presentó en Moscú y San Petersburgo el círculo de nueve puntas a los miembros del grupo SAT, acrónimo de Searchers After Truth (Buscadores de la Verdad), del cual era su fundador. Para este autor, el Eneagrama es un símbolo universal por medio del que se puede interpretar y descifrar cualquier ciencia y saber de la humanidad. Eso sí, en ningún momento habló de los nueve tipos de personalidad. Parte de sus enseñanzas se recogieron en el ensayo *Fragmentos de una enseñanza desconocida*, publicado en 1949 por su principal discípulo, Peter

Demianovich Ouspensky (1878-1947). Fue la primera vez que la palabra «Eneagrama» apareció en un libro.[12]

El relevo de estos hallazgos e investigaciones lo tomó el filósofo Óscar Ichazo (1931-2020), quien desde muy joven también estuvo muy influenciado por el legado de la Hermandad Sarmoung y las enseñanzas neoplatónicas de la antigua Grecia. Y en un destello de genialidad que tuvo en 1954 mapeó en el símbolo del Eneagrama tomado de Gurdjieff los pecados descubiertos por Póntico siguiendo el enfoque holístico propuesto por Llull. De este modo Ichazo logró un hallazgo verdaderamente extraordinario: poner en el símbolo del Eneagrama la secuencia correcta de los nueve tipos de personalidad. A los siete pecados capitales le añadió la vanidad —presente en los escritos de Póntico— y el miedo.[13]

En cada una de las nueve puntas del símbolo ubicó lo que él llamó las «fijaciones» (creencias incorrectas acerca de la realidad); las «pasiones» (emociones y conductas derivadas de estas fijaciones); las «ideas santas» (verdades fundamentales acerca de la realidad) y las «virtudes» (emociones y conductas derivadas de estas ideas santas) de cada tipo.[14] Y al hacerlo, también descubrió la relación dinámica que se establece entre unos y otros durante nuestros procesos de cambio, transformación y evolución. Así es como nació el Eneagrama de la personalidad moderno: un manual de instrucciones para que cada ser humano sepa cómo despertar y desarrollarse espiritualmente, liberando a la consciencia de la identificación egoica. Por todo ello, Ichazo es considerado «el padre del Eneagrama».

El Eneagrama en la actualidad

En 1970 Ichazo impartió un entrenamiento de diez meses en el desierto de Arica (Chile), durante el que enseñó el Eneagrama a unos cincuenta alumnos, la mayoría psicoterapeutas afincados en Estados Unidos.[15] Uno de ellos fue el psiquiatra Claudio Naranjo (1932-2019), quien al regresar fundó el SAT Institute en Berkeley (California), cuya finalidad era demostrar la congruencia entre las brillantes teorías de Ichazo y los últimos descubrimientos psicológicos contemporáneos. En otras palabras, el objetivo de Naranjo fue casar la psicología con la espiritualidad, lo que hoy en día se conoce como «psicología transpersonal»: la que va más allá del ego, devolviéndonos la conexión con nuestra naturaleza espiritual: el ser esencial.[16]

Durante los años siguientes se dedicó a reunir a grupos de personas que se identificaban con un determinado tipo para entrevistarlos, recabar información de forma científica y extraer conclusiones empíricas. Como consecuencia de sus investigaciones, Naranjo desarrolló y dio forma a los nueve tipos de personalidad que hoy conocemos, a los que bautizó como «eneatipos». También descubrió la influencia que tienen los tres instintos primarios (o subtipos) a la hora de manifestarse nuestro eneatipo dominante.[17] Y, en definitiva, gracias a él el Eneagrama comenzó a democratizarse y popularizarse por todo el mundo. Lo cierto es que tuve la fortuna de conocerlo personalmente en 2009, durante una entrevista que le hice para el diario *El País*, titulada «El hombre de hoy sigue siendo un esclavo».[18]

Entre los discípulos de Naranjo destacan Helen Palmer, A. H. Almaas, Sandra Maitri y Robert Ochs. Este último es un cura jesuita que introdujo el Eneagrama en esta comunidad religiosa. Entre sus seguidores destacan Don Richard Riso y Patrick H. O'Leary, quien junto con Maria Beesing y Robert Nogosek publicaron en 1984 el primer libro sobre los nueve eneatipos: *Eneagrama: un camino hacia el autodescubrimiento*. Finalmente, en 1994 se fundó la Asociación Internacional de Eneagrama (IEA), la cual estuvo avalada por el Departamento de Psiquiatría de la Universidad de Standford en Palo Alto, California.[19]

Desde entonces el Eneagrama se ha ido extendiendo rápidamente por diferentes capas, estratos y sectores de la sociedad. Hoy en día se utiliza en el ámbito de la psicología, la psiquiatría y el coaching, pues contribuye a erradicar las causas del malestar en vez de dar alivio en forma de pastillas para minimizar los síntomas. También lo emplean las empresas conscientes para trabajar el liderazgo, la gestión de equipos y mejorar el ambiente laboral.

En paralelo, también se usa mucho en la industria del cine: los guionistas lo emplean para crear personajes más realistas e inolvidables, mientras que los actores lo usan para meterse en la piel de los papeles que interpretan, dotando a sus actuaciones de una mayor complejidad y veracidad.

Por su parte, el Eneagrama también está triunfando en el seno de las familias que quieren mejorar la comunicación y el entendimiento, tanto entre los miembros de la pareja como entre padres e hijos. E incluso también está aportando mucho valor en el ámbito de la reinvención profesional, ayudando a las personas a descubrir su talento y su propósito de vida. Eso sí, a lo largo de las páginas que siguen vamos a centrarnos en cómo hacer consciente el ego y cuál es el proceso de transformación que cada uno de nosotros hemos de seguir para reconectar con nuestra verdadera esencia. ¡Buen viaje!

III

La mejor herramienta de autoconocimiento

El Eneagrama se ha consolidado como la herramienta más eficaz para iniciar el viaje del autoconocimiento porque va a la raíz de nuestros conflictos emocionales y existenciales. Porque es muy fácil de poner en práctica. Porque es apta para escépticos. Y sobre todo porque funciona. Enseguida aporta resultados beneficiosos tangibles. Y no es para menos: se trata de un manual de instrucciones bastante preciso de la condición humana. También podría definirse como un mapa de nuestro territorio emocional. Un espejo donde ver reflejadas nuestras luces y nuestras sombras. Y un despertador con el que salir del profundo sueño egoico en el que estamos sumidos y empezar a vivir conscientemente.

También es una lupa con la que ver con claridad las motivaciones ocultas detrás de nuestras actitudes y conductas. Un antídoto con el que dejar de envenenar nuestra mente. Una balsa con la que cruzar a la otra orilla, trascendiendo el encarcelamiento psicológico en el que estamos inconscientemente encerrados. Un ascensor para elevar nuestra consciencia, reconectando con nuestra dimensión espiritual. Y, en definitiva, una llave para liberarnos de la jaula mental que tanto sufrimiento nos provoca.

La palabra «Eneagrama» significa en griego «nueve líneas». Esencialmente porque describe a grandes rasgos los nueve aspectos principales de nuestra naturaleza humana. Y lo hace por medio de nueve eneatipos. Es decir, nueve formas de pensar, sentir y actuar. Nueve modelos mentales, esqueletos psicológicos o tipos de personalidad. Nueve formas de entender la vida. Nueve modos de distorsionar la realidad. Nueve maneras con las que torturarnos. Nueve dones que ofrecer a los demás y al mundo. Nueve modos de amar y de ser amados. Y nueve máscaras con las que se disfraza la divinidad.

Más concretamente, el Eneagrama hace una radiografía bastante fiel de los nueve rostros que toma el ego (nuestro lado condicionado, falso, ignorante, inconsciente y oscuro) y de las nueve facetas inherentes al ser esencial (nuestro lado libre, auténtico, sabio, consciente y luminoso). También nos muestra nueve caminos para cuestionarnos, crecer y evolucionar como seres humanos, tanto a nivel psicológico como espiritual. Eso sí, lo más importantes es que nos ayuda a transformar por completo la visión que tenemos acerca de nosotros mismos, de lo que consideramos que es nuestra «identidad». Y lo cierto es que esta transformación lo cambia todo. Absolutamente todo.

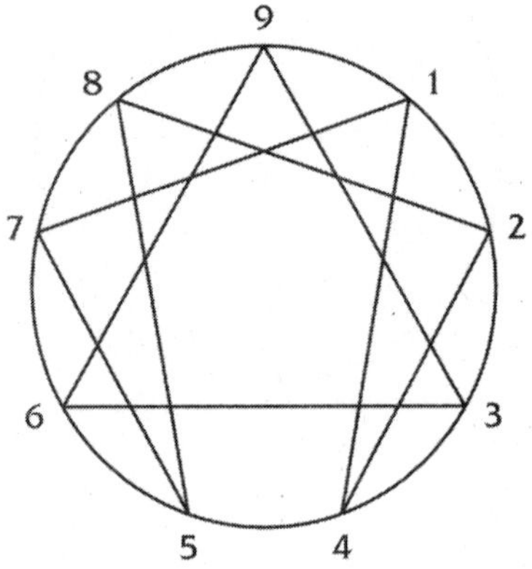

El círculo

Es increíble que un símbolo tan sencillo contenga tantísimo conocimiento de calidad para comprender por qué somos como somos y cómo funcionamos por dentro. Esencialmente, el Eneagrama está compuesto por nueve características principales. La primera de ellas es el «círculo», el cual representa que toda la existencia forma parte de una misma unidad y totalidad. Simboliza la visión de que «dios es todo lo que existe y todo lo que existe es dios». Y entendiendo esta palabra no desde una perspectiva religiosa o teísta —dios como creador del universo—, sino más bien espiritual y panteísta: dios como universo, sinónimo de vida, realidad o naturaleza.

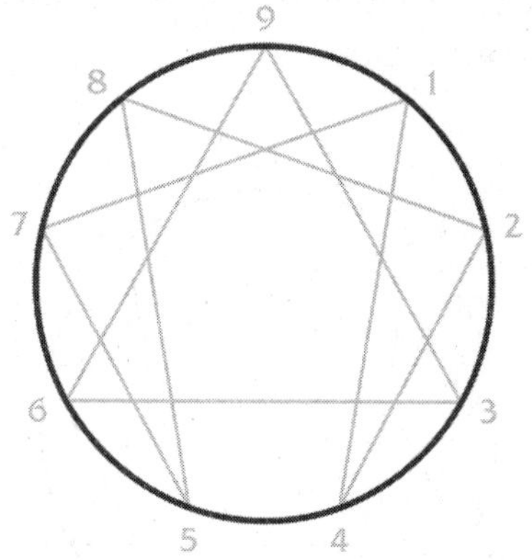

El triángulo

La segunda característica es el «triángulo», que indica que todas las creaciones que forman parte del universo —incluyéndonos a nosotros mismos— son fruto de la interacción dinámica de tres fuerzas. Es una invitación a encontrar una tercera vía mucho más sabia y elevada a la hora de mirar e interpretar la realidad. Más que nada porque nuestra mente está inconscientemente gobernada por la dualidad, desde donde tendemos a reducir las cosas como «blancas» o «negras», perdiéndonos la zona «gris» que se encuentra en medio. Sin ir más lejos, el ego nos lleva a ver los hechos que suceden como «buenos» o «malos». Gracias al Eneagrama nos damos cuenta de que en realidad son «neutros».

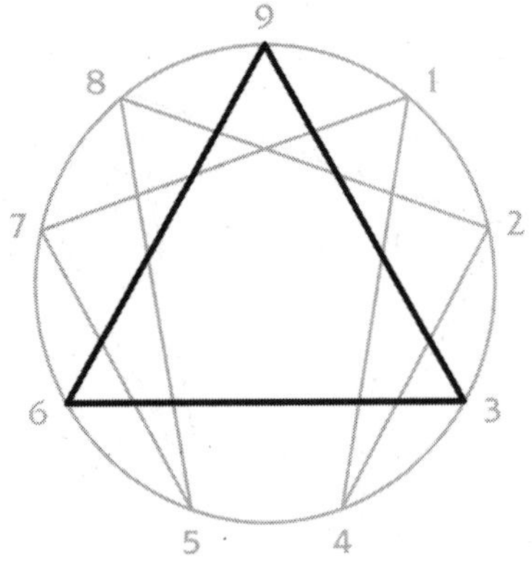

La hexada

La tercera característica es la «hexada», que simboliza el cambio, la transformación y la evolución inherentes a la existencia. Nos recuerda que la vida se rige por «la ley de la impermanencia», según la cual nada es estático y todo está continuamente cambiando. Y es que no sirve de nada intentar aferrarnos a ninguna zona de comodidad, pues la realidad es voluble, incierta e inestable. E inevitablemente tenemos que desequilibrarnos para poder seguir creciendo y avanzando. El Eneagrama nos propone orientar este proceso de transformación a la desidentificación del ego y la reconexión con el ser esencial, desde donde experimentamos la unidad, la neutralidad y la estabilidad.

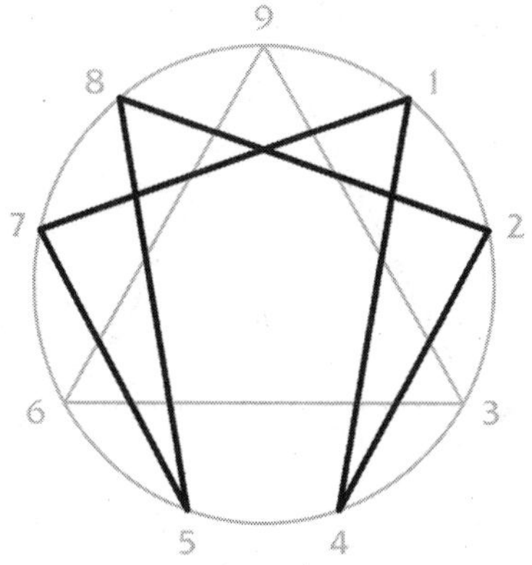

Los números

La cuarta característica son los «números» situados en cada una de las nueve puntas del Eneagrama. No tienen nada que ver con la numerología. Simplemente se utilizan para el manejo de esta herramienta. Representan los nueve eneatipos, cada uno de los cuales muestra un rasgo acentuado tanto del ego como del ser. Si bien tenemos un poco de todos, hay un tipo de personalidad principal que tiene una mayor influencia en nuestra manera de pensar, sentir y actuar. Obviamente, ninguno es mejor ni peor que otro. Todos cuentan con su lado oscuro y su parte luminosa. Y cada uno tiene su propio infierno que transitar y su propio cielo que experimentar.

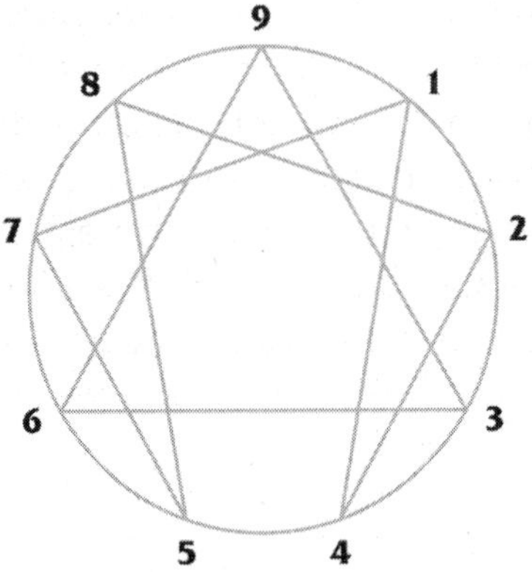

Las tríadas

La quinta característica son las «tríadas» en las que el Eneagrama divide a los nueve eneatipos. Cada una de estas tres tríadas representa a uno de los tres centros vitales —«intelectual» (cabeza), «emocional» (corazón) y «visceral» (vísceras)— en los que se compone nuestra psique humana. Y están asociadas a diferentes partes de nuestro cerebro —«neocórtex», «límbico» y «reptiliano»— desde donde percibimos, sentimos y actuamos en relación con las situaciones y acontecimientos que van ocurriendo a lo largo de nuestra vida.

Si bien todos contamos con estos tres centros activos, la tríada a la que pertenece nuestro eneatipo principal nos enseña el lugar en el que el ego está enquistado con más fuerza. Y, por ende, nos revela los grandes conflictos y las mayores potencialidades relacionadas con este centro vital dominante. También nos muestra lo que tenemos en común con los otros dos eneatipos que componen dicha tríada. Desde el ego, estos centros están dañados y bloqueados y funcionan disfuncionalmente. En la medida en la que reconectamos con el ser esencial empiezan a operar eficientemente, dándonos acceso a percepciones, cualidades y capacidades más elevadas de nuestra naturaleza.

Los eneatipos de «la tríada del instinto» (8, 9 y 1) tienen mucho más activo el complejo reptiliano. Es decir, nuestra parte más primaria e instintiva. De ahí que estén mucho más en contacto con las sensaciones físicas, dándole excesiva importancia a las necesidades de su cuerpo. El ego los vuelve neuróticos y compulsivos en su forma de actuar. La mayoría de sus conflictos deriva de lo que está pasando en el presente. Buscan gozar de libertad para poder seguir su camino. Quieren controlar y dominar a su entorno para no verse afectado por él. Les preocupa demasiado salirse con la suya y no tener que dar explicaciones. Suelen tener problemas relacionados con la agresividad y la represión. Su falta de serenidad los lleva a padecer grandes dosis de impulsividad, rabia e ira.

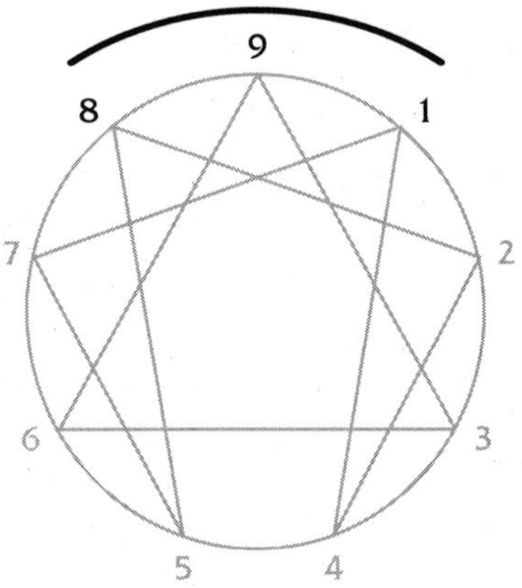

Tríada visceral

Los eneatipos de «la tríada del sentimiento» (2, 3 y 4) tienen mucho más activo el sistema límbico. Es decir, nuestra parte más sensible y emocional. De ahí que estén mucho más en contacto con sus emociones, dándole excesiva importancia a sus sentimientos y estados de ánimo. El ego los vuelve neuróticos y compulsivos en su forma de sentir. La mayoría de sus conflictos derivan de lo que pasó en el pasado. Buscan gozar de una buena imagen social para conseguir el interés y la aprobación de los demás. Quieren ser queridos y valorados por su entorno. Les preocupa demasiado lo que la gente opina de ellos. Suelen tener problemas relacionados con la comparación y la falsedad. Su falta de autoestima les lleva a padecer grandes dosis de tristeza, vergüenza y envidia.

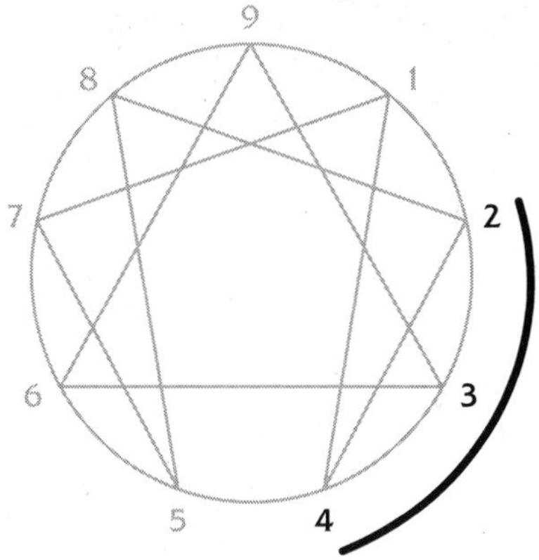

Tríada emocional

Los eneatipos de «la tríada del pensamiento» (5, 6 y 7) tienen mucho más activo el neocórtex. Es decir, nuestra parte más mental y racional. De ahí que estén más en contacto con el intelecto, dándole excesiva importancia a sus pensamientos y creencias. El ego les vuelve neuróticos y compulsivos en su forma de pensar. La mayoría de sus conflictos deriva de lo que puede pasar en el futuro. Buscan gozar de conocimiento, apoyo y orientación para afrontar los retos y desafíos de la vida. Quieren ser protegidos y respaldados por su entorno. Les preocupa demasiado no poder valerse por sí mismos. Suelen tener problemas relacionados con la hiperracionalización y la incapacidad de acallar sus mentes. Su falta de confianza los lleva a padecer grandes dosis de ansiedad, miedo e inseguridad.

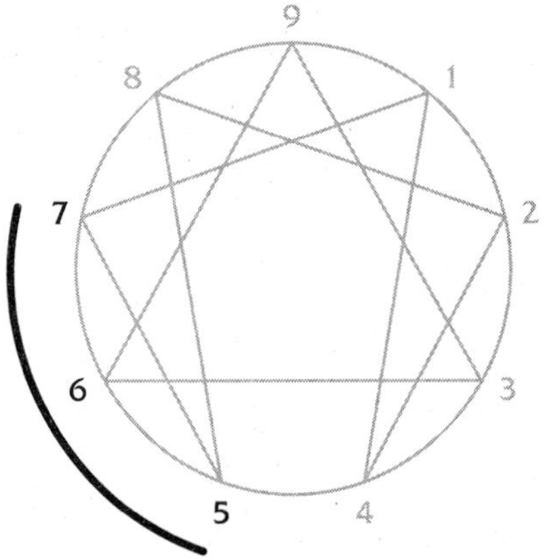

Tríada intelectual

Las líneas

La sexta característica son las «líneas» que salen desde cada eneatipo. Reflejan dos movimientos psicológicos que posibilitan la saturación, el cuestionamiento y la evolución de cada tipo de personalidad. Al primero se le denomina «descentramiento». Y deviene reactivamente cuando atravesamos una situación de estrés y desequilibrio prolongada como consecuencia de habernos empachado del ego de nuestro eneatipo principal. Es entonces cuando de forma inconsciente —y a modo de amortiguador psicológico— empezamos a adoptar alguno de los patrones egocéntricos de pensamiento, sentimiento y conducta de los eneatipos con los que estamos conectados por medio de estas líneas. En algunos casos, podemos llegar a expresar estos comportamientos de una forma todavía más sombría e ignorante que los eneatipos a los que *pertenecen*.

No en vano, este proceso nos lleva a conectar con el lado más oscuro de los eneatipos a los que nos descentramos. Y actúa como una válvula de escape encaminada a desahogar temporalmente toda la presión y el malestar acumulados por seguir las estrategias inconscientes dictadas por el ego a nuestro eneatipo principal. Eso sí, en caso de perpetuarnos en el victimismo puede provocar que de pronto lo veamos todo negro, llevándonos al borde de la depresión e incluso del suicidio. De ahí que este descentramiento sea una invitación a la autocrítica y una llamada al despertar. Si aprovechamos estos momentos de dolor y sufrimiento para crecer espiritualmente podemos tomar consciencia de que la manera en la que hemos venido pensando, sintiendo y actuando es profundamente nociva y equivocada.

Por ejemplo, cuando el eneatipo 6 se empacha de miedo, ansiedad y preocupación puede descentrarse hacia el eneatipo 3, cayendo en la desvalorización, la vanidad y la falsedad, llevando estos rasgos egoicos a su máxima expresión. También puede descentrarse hacia el eneatipo 9, sumiéndose en la pereza, la resignación y la apatía, manifestando estos defectos de forma exagerada. E incluso puede tomar actitudes y conductas inconscientes de ambos eneatipos a la vez, quedando todavía más atrapado en las mazmorras del *yo* ilusorio con el que está identificado.

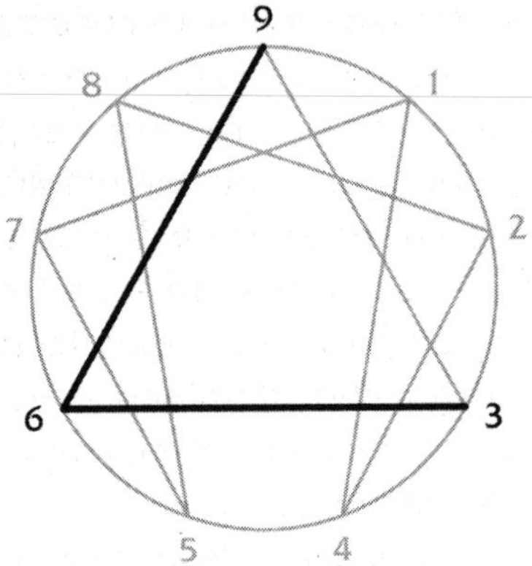

Descentramiento

El segundo movimiento psicológico que reflejan estas líneas se llama «centramiento». Y deviene proactivamente cuando decidimos hacer un esfuerzo por salir de nuestra zona de confort egoica en dirección hacia el ser esencial. Es entonces cuando empezamos a adoptar alguno de los atributos esenciales de pensamiento, sentimiento y conducta de los eneatipos con los que estamos conectados por medio de estas líneas. En algunos casos extremos, podemos llegar a expresar estos comportamientos de una forma todavía más trascendente y sabia que los eneatipos a los que *pertenecen*.

No en vano, este proceso nos lleva a conectar con el lado más luminoso de los eneatipos a los que nos centramos, lo cual actúa como un catalizador para desarrollarnos espiritualmente. De pronto notamos cómo sube nuestra energía vital y se eleva nuestra frecuencia vibratoria, entrando en contacto con el bienestar que anida en lo más hondo de nuestra alma. Y como consecuencia, de forma natural empezamos a manifestar las cualidades esenciales de nuestro eneatipo dominante. Fruto de estas experiencias y aprendizajes verificamos cómo vivir y autogestionarnos con más consciencia y sabiduría.

Por ejemplo, el eneatipo 6 puede centrarse hacia el eneatipo 3, conectando con la autenticidad, la honestidad y la sensación de valía, llevando estas cualidades esenciales a su máxima expresión. También puede centrarse hacia el eneatipo 9, beneficiándose de la armonía, la paz y la asertividad, manifestando estas virtudes con mucha más potencia y gracia. E incluso puede tomar actitudes y conductas conscientes de ambos eneatipos a la vez, sintiéndose completo y feliz por sí mismo. Y al imbuirse y dejarse inspirar por la esencia de los eneatipos 3 y 9, el eneatipo 6 reconecta con la confianza, la valentía y la seguridad, tres rasgos de su verdadera naturaleza.

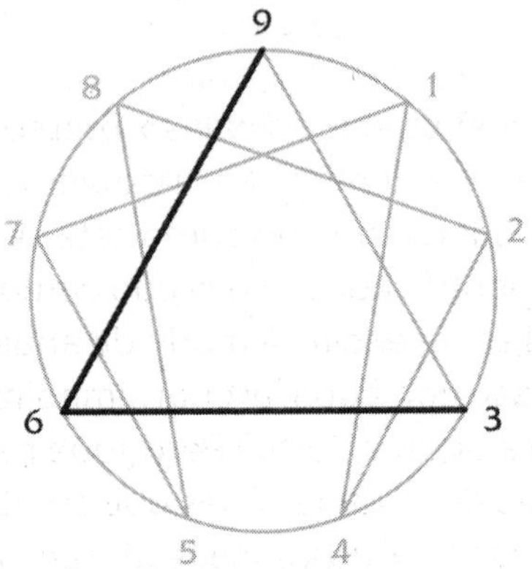

Centramiento

Por concluir con este ejemplo, si nuestro eneatipo dominante es el 6 también tendremos mucho de los eneatipos 3 y 9, tanto del ego como del ser esencial. Y durante nuestro proceso de transformación tendremos que integrar el lado oscuro y luminoso de dichos eneatipos, pues, como hemos visto, las líneas pueden ir en ambas direcciones. Al ser conscientes de estos movimientos psicológicos —el descentramiento y el centramiento— poco a poco vamos aprendiendo a poner luz en nuestras sombras, convirtiéndonos en la mejor versión de nosotros mismos.

Las alas

La séptima característica son las «alas», que son los tipos de personalidad que están a la derecha y a la izquierda de nuestro eneatipo principal. Y pueden influir en cómo este se manifiesta, tanto cuando estamos identificados con el ego como cuando estamos conectados con el ser esencial. A modo de analogía imaginemos que tenemos un vaso con agua, el cual simboliza nuestro eneatipo principal. Sabe a agua, ¿cierto? Pero ¿qué pasa si le ponemos un chorrito de zumo de naranja? Pues que el sabor del agua estará un poco anaranjado. ¿Y qué sucede si —en cambio— le añadimos unas gotas de jugo de limón? Pues que ese mismo agua sabrá un poco a limonada, ¿no?

Eso es exactamente lo que ocurre con las alas. Pongamos por ejemplo que nuestro eneatipo principal es el 8, cuyo lado oscuro está protagonizado por el afán de dominación, la agresividad y la beligerancia. Por otro lado, su parte luminosa destaca por la inocencia, la fortaleza y la vulnerabilidad. Pues bien, en caso de tener ala 7, todos estos rasgos estarán influenciados y mezclados por la sombra de este eneatipo: la sensación de vacío, la hiperactividad y la gula. Y también por su luz: la sobriedad, la alegría y el agradecimiento. En caso de tener ala 9, los rasgos de nuestro eneatipo 8 estarán influenciados y mezclados por la sombra de este eneatipo: la pereza, la resignación y la apatía. Y también por su luz: la armonía, la paz y la asertividad.

En caso de identificarnos con el 8 ala 7 tenderemos a ser más acelerados e hiperactivos que los 8 ala 9, que suelen ser bastante más calmados y pasivos. Y en caso de tener las dos alas, en ocasiones nos mostraremos más acelerados e hiperactivos, mientras que en otras lo haremos de forma más calmada y pasiva. Dado que el ala (o las alas) condicionan notablemente nuestro eneatipo dominante es importante integrarla(s) en nuestra consciencia.

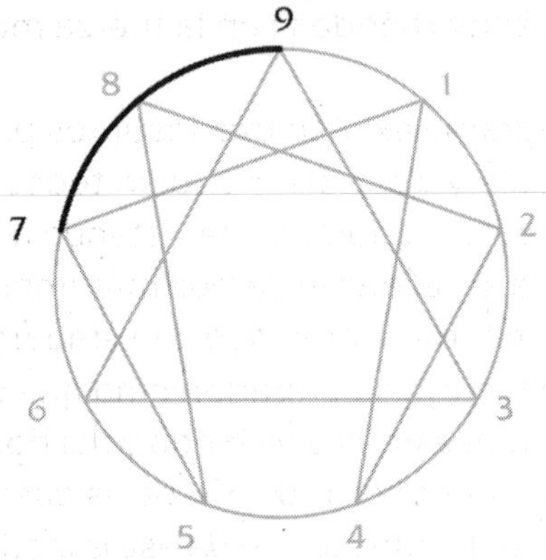

Alas

Los instintos

La octava característica son los «instintos». Es decir, las necesidades y motivaciones más básicas relacionadas con nuestro centro visceral. No en vano los seres humanos vivimos *atrapados* en cuerpos de animales que cuentan con sus propios intereses, deseos, miedos, apegos, preocupaciones, obsesiones y aspiraciones. Y a menos que seamos conscientes de ellos, estas pulsiones primarias acaban convirtiéndose en la fuerza motora de nuestra identidad egoica.

Según el Eneagrama existen tres instintos principales: «conservación», «sexual» y «social».[20] Si bien todos tenemos de los tres, uno de ellos suele ser dominante, estando más activo durante toda nuestra vida. Es al que le damos más importancia y donde el ego le pone más energía y atención. Sin embargo, en ocasiones un instinto puede tener más protagonismo que otros en función del momento vital que estemos viviendo y del tipo de circunstancias en las que nos encontremos. En otros casos hay personas que apenas tienen activado alguno de estos instintos, marginándolo por completo. El reto es satisfacer las necesidades reales de cada uno de estos tres instintos, pero sin pasarnos de la raya, tanto por defecto como por exceso.

El «instinto de conservación» nos lleva a poner el foco de atención en nosotros mismos —y en nuestra familia—, especialmente en relación con nuestra seguridad y supervivencia físicas. Es nuestra parte más práctica y materialista, orientada a lograr los recursos económicos necesarios para lograr la estabilidad y prosperidad financieras. Este instinto nos llena de miedo a la escasez, a no gozar del sustento suficiente para proveernos una buena vida. Tiene que ver con los hábitos y las rutinas que establecemos para cuidar de la salud y el bienestar de nuestro cuerpo. Y con la pulsión de contar con un hogar (o refugio) en el que sentirnos cómodos y protegidos. Y, en definitiva, nos motiva a buscar la autonomía y la autosuficiencia para que no nos falte de nada.

El «instinto sexual» nos lleva a poner el foco de atención en los demás, especialmente en aquellos con quienes mantenemos relaciones íntimas o deseamos mantenerlas. Es nuestra parte más presumida y seductora, orientada a atraer y conquistar a las personas que deseamos. Este instinto nos llena de miedo a no ser lo suficientemente atractivos y quedar rezagados en la competición sexual. Tiene que ver con lo que hacemos para adornar nuestra personalidad y tener más posibilidades a la hora de elegir a nuestra pareja o a nuestros compañeros sexuales. Y con la pulsión de caer bien, gustar, amar y ser amados, dar y recibir afecto, copular y procrear. Y, en definitiva, nos motiva a buscar el modo de garantizar los mejores genes para nuestra descendencia.

El «instinto social» nos lleva a poner el foco de atención en cómo nos relacionamos y posicionamos socialmente, tanto en nuestros vínculos laborales como de amistad. Es nuestra parte más sociable y colaborativa, orientada a sentirnos útiles e importantes, gozando de cierto estatus, poder e influencia. Este instinto nos llena de miedo a ser abandonados, rechazados y excluidos. Tiene que ver con la necesidad de pertenecer a algún grupo que comparta nuestros valores, sintiendo que formamos parte de algo más grande que nosotros mismos. Y con la pulsión de contribuir, aportar valor, autorrealizarnos, impactar y dejar un legado en la sociedad. Y, en definitiva, nos motiva a buscar nuestra vocación, así como a encontrar el sentido y el propósito de nuestra vida.

Los niveles de desarrollo

La novena característica son «los niveles de desarrollo»,[21] según los cuales cada eneatipo puede experimentarse de forma «insana», «media» o «sana». Si bien nuestro eneatipo principal no cambia a lo largo de la vida, nuestro nivel de desarrollo espiritual sí que provoca cambios considerables en la forma en la que nos relacionamos con él. Así, el Eneagrama cuenta con una «dimensión horizontal», que tiene que ver con la descripción psicológica de los nueve eneatipos. Y con una «dimensión vertical», la cual mide nuestro grado de identificación con el ego, así como nuestro nivel de consciencia.[22]

A modo de ejemplo, no tiene nada que ver un eneatipo 2 insano (orgulloso, dependiente y manipulador) que un eneatipo 2 sano (humilde, libre y amoroso). Si bien ambos comparten a grandes rasgos la misma estructura de personalidad, los resultados emocionales que cosechan uno y otro son antagónicos. Es tan distinto lo que piensan, sienten y hacen que *a priori* no diríamos que ambos comparten el mismo eneatipo. Sin embargo, lo único que es diferente —y mucho— es su nivel de desarrollo espiritual.

Círculo. Triángulo. Hexada. Números. Tríadas. Líneas. Alas. Instintos. Y niveles de desarrollo. Estos son los nueve principales ingredientes del Eneagrama. A partir de ahí, hay tantas recetas y combinaciones diferentes como seres humanos hay en este mundo. Recuerda que tú no estás al servicio de este mapa. De ahí que no te obsesiones con encajar en él. Por el contrario, este mapa está a tu servicio: ojalá te sirva para conocerte mucho mejor.

IV

El lado oscuro del Eneagrama

El Eneagrama es una herramienta. Y como tal, es neutra. Todo depende del uso que se le dé. Es como un cuchillo. Lo podemos utilizar para pelar y cortar cebollas. Pero también para apuñalar a otra persona. Sin embargo, el desconocimiento ha llevado a proyectar en el Eneagrama un lado oscuro que no tiene tanto que ver con este mapa, sino con el modo erróneo en el que lo utilizamos. En este sentido hemos de tener en cuenta las once formas más habituales en las que podemos corromperlo.

La primera es que no hay un «único criterio» compartido por todos los profesores y divulgadores que hoy en día nos dedicamos a compartir este manual de instrucciones. Cada uno lo explicamos a nuestra manera, poniendo el énfasis en aquellas cuestiones que consideramos más importantes. Esta es la razón por la que existen diferentes líneas, tendencias y corrientes a la hora de presentar los nueve eneatipos. Para combatir esta subjetividad divulgativa lo mejor es aprender de diferentes autores y escuchar distintos puntos de vista, de manera que podamos crear el nuestro basado en nuestra propia experiencia personal.

La segunda forma en la que podemos pervertir esta herramienta es el «encasillamiento», creyéndonos que *somos* un eneatipo en concreto y reduciendo nuestra identidad a un número. Es muy típico escuchar decir «soy un 4» o «soy un 7», lo cual refuerza la identificación egoica con nuestro eneatipo, añadiendo una capa conceptual más sobre nuestra verdadera esencia. Esta es la razón por la que la principal crítica compartida por todos sus detractores es que el Eneagrama nos encierra en una caja. Irónicamente, este espejo nos muestra la prisión psíquica en la que estamos atrapados inconscientemente. De ahí que el identificarnos de forma consciente con alguno de los eneatipos sea un paso previo necesario para poder desidentificarnos del ego, saliendo finalmente de la caja en la que ya estábamos.

El tercer error más común que cometemos muchos de los que usamos esta herramienta es realizar un «autodiagnóstico equivocado». Es muy habitual —especialmente al principio— identificarnos con un eneatipo erróneo. Y esto suele suceder porque nos quedamos en la superficie de las actitudes y las conductas que describe el Eneagrama, en vez de ir a la profundidad de las motivaciones inconscientes que hay detrás. El hecho de que dudemos mucho no necesariamente quiere decir que nuestro eneatipo dominante sea el 6. A la hora de identificarnos hemos de descubrir la razón oculta que nos hace dudar. Un eneatipo 6 duda porque desconfía de sí mismo y busca la opción que le garantice mayor seguridad. En cambio, un eneatipo 1 también duda, pero porque se siente imperfecto y quiere tomar el camino correcto.

La cuarta manera de mancillar el Eneagrama es empleándolo para «justificar nuestros defectos». Así, podemos escuchar frases del tipo: «Como soy un eneatipo 4 me cuesta mucho ser feliz». O «dado que soy un 2 no sé estar solo». Por medio de estas excusas no solo nos perpetuamos en nuestro encarcelamiento psicológico, sino que podemos llegar a autoconvencernos de que es imposible actuar de cualquier otro modo. En vez de autojustificarnos, podemos usar esta herramienta para hacer autocrítica, cuestionar nuestra forma de pensar y salir de nuestra zona de comodidad egoica.

El quinto error más habitual que cometemos es preguntarle a una «figura de autoridad» que nos diga cuál es nuestro eneatipo. Puede ser nuestro profesor de Eneagrama, nuestro psicólogo o un amigo cercano que sepa mucho sobre el tema. En última instancia, solo nosotros podemos saber quiénes verdaderamente somos y cuáles son nuestras motivaciones más profundas. Y es que los demás no nos ven como somos, sino como son ellos. Por eso en muchas ocasiones sucede que otras personas proyectan su propio eneatipo sobre nosotros. Conocerse a uno mismo es un camino intransferible. Nadie puede recorrerlo por nosotros. Esta herramienta nos enseña a ser nuestro propio gurú.

El peligro de poner etiquetas

La sexta forma de corromper el Eneagrama es «hablar de esta herramienta delante de personas que no están comprometidas con su autoconocimiento» y a quienes no les interesa. Al no tener la mente ni el corazón abiertos, en vez de recibir esta información con curiosidad y receptividad, suele provocar el efecto contrario: que se cierren todavía más. Al oír hablar acerca de números y eneatipos indiscriminadamente, el ego tiende a ponerse a la defensiva, ridiculizando este mapa y proyectando sobre él todo tipo de prejuicios. Y no solo eso: también tacha de «hierbas» y «esotéricos» a quienes lo estamos compartiendo con tanta frugalidad. Por eso hemos de vigilar delante de quién hablamos sobre el Eneagrama, escogiendo con sabiduría cuándo y cómo lo compartimos.

La séptima forma de viciar el Eneagrama es «etiquetar a los demás», creyendo que los conocemos mejor que ellos a sí mismos. En un alarde de soberbia y cierto complejo de superioridad, llegamos incluso a corregirlos, afirmando categóricamente que son un eneatipo diferente de aquel con el que se han identificado. Curiosamente, quienes actúan así suelen haber sido personas a quienes otros han etiquetado, poniendo de manifiesto su propia confusión y desconocimiento. Otra cosa muy diferente es tratar de averiguar —en nuestro fuero interno— el eneatipo de otra persona con la finalidad de cultivar la empatía y la compasión. Y poder así mejorar nuestra relación con ella.

La octava manera de manchar esta herramienta es la «banalización comercial». Es muy común ver el Eneagrama vinculado con el nombre de personas famosas a quienes se les atribuye un eneatipo en concreto sin tener ningún tipo de certeza acerca de si realmente es el acertado. Prueba de ello es que navegando por internet encontramos numerosas páginas etiquetando de forma diferente a según qué personajes históricos. Y en demasiadas ocasiones, estas fotografías van acompañadas por descripciones psicológicas muy breves y superficiales, las cuales contribuyen a estigmatizar el Eneagrama.

La novena forma de pervertir este mapa es «juzgar a alguien según su eneatipo». Detrás de cualquier juicio moral que realizamos se encuentra siempre el ego. En este caso nos lleva a caer en generalizaciones neuróticas de los eneatipos, diciendo cosas como: «Los 9 son todos unos vagos» o «Los 5 son todos indiferentes». Este tipo de estereotipos no solo no son ciertos, sino que además impiden que nos relacionemos con el ser humano sobre el que los proyectamos. Caer en este reduccionismo infantil es un flaco favor que le hacemos a esta herramienta.

La décima manera de ensuciar el Eneagrama es «darle excesivo valor a los test de personalidad». Si bien son otra manera de hacernos reflexionar, es importante concebirlos como lo que en realidad son: un pasatiempo psicológico. Es una equivocación pretender que un test nos diga cuál es nuestro eneatipo. Es como si frente a un problema matemático alguien nos diera la solución. ¿De qué nos sirve si no sabemos cómo resolverlo? Independientemente de que el test acierte en su diagnóstico, el valor de esta herramienta radica en el proceso de aprendizaje que nos lleva a descubrirlo. El verdadero test de Eneagrama está dentro: somos nosotros mismos. Es decir, lo que experimentamos mientras investigamos acerca de los nueve eneatipos.

El undécimo y último error que cometemos es pretender que el Eneagrama «lo explique todo» acerca de nuestra condición humana. Para empezar, porque hay muchos aspectos de nuestra vida que van mucho más allá de esta herramienta. Además, cada eneatipo es un «arquetipo». Es decir, un modelo, un patrón y una referencia que alude a una serie de características comunes compartidas. A lo máximo que puede aspirar este mapa es a describir ciertas tendencias generales de pensamiento, sentimiento y comportamiento. Y es que lo que «somos» no cabe en ningún eneatipo. Nuestra verdadera esencia no solo es inabarcable, sino que es imposible de definir con palabras.

Al margen de estas once perversiones, bien empleado el Eneagrama nos confiere un gran poder: el de cuestionar y transformar el núcleo de nuestra identidad, despertando nuestra consciencia dormida. Y este aprendizaje es algo que no tiene precio, pues con el tiempo cambia por completo el modo en el que nos relacionamos con nosotros mismos, con los demás y con la vida. Por todo ello, la mejor forma de honrar esta maravillosa herramienta de autoconocimiento es utilizándola con madurez y responsabilidad. Que así sea.

V

Radiografía del ego

Antes de seguir con el Eneagrama y los nueve eneatipos, es fundamental que hagamos una pausa para reflexionar sobre el viaje espiritual que estamos destinados a realizar todos los seres humanos. Y que —sin embargo— culminan muy pocos. Se trata de pasar del ego al ser, de la mente a la consciencia, de lo ilusorio a lo real y, en definitiva, de la separación a la unidad.

Este viaje evolutivo comienza nueve meses antes de nacer, momento en el que empezamos a crecer dentro del útero de nuestra madre. Mientras flotamos en el líquido amniótico nos sentimos totalmente fusionados con ella. En este «estado intrauterino» todavía no se ha formado nuestro cerebro y no existe la mente, los pensamientos ni el ego. De ahí que no tengamos la noción de ser un *yo* ni de estar dentro de nuestra madre. De hecho, no hay ningún tipo de fragmentación ni de separación. Lo único que experimentamos es una agradable sensación de conexión y de unidad.

A este sentimiento los místicos lo denominan «estado oceánico», en referencia a la gota de agua que se funde con el océano y que se caracteriza por la sensación de ser uno con la vida, con el universo, con dios o como prefiramos llamarlo. Lo cierto es que como fetos y bebés somos pura esencia. Inmaculados. Incontaminados. Inconmensurables. No tenemos que hacer nada. Simplemente somos. En lo más profundo de nuestro ser nos sentimos parte del océano. Y todo se desarrolla de forma natural y orgánica, siguiendo ciertas leyes que rigen el proceso de gestación del ser humano.

Sin embargo, el día de nuestro nacimiento somos expulsados de este paraíso. Nada más inhalar nuestra primera bocanada de aire cortan el cordón umbilical que nos une a nuestra madre. Y en ese preciso instante empezamos a padecer la dolorosa «herida de separación». Lenta pero progresivamente vamos perdiendo la placentera sensación de fusión, unión y conexión. Y comenzamos a sentir algo desgarrador: que somos una gota separada del océano.

Esta es la razón por la que en la medida en la que se desarrolla nuestro cerebro y aparece la mente poco a poco se va formando la creencia inconsciente de que «somos un *yo* separado». De nuestra madre. De los demás. De la realidad. Del mundo. De dios... Y por medio del pensamiento y del lenguaje vamos reforzando esta idea. En el momento en el que aprendemos a hablar, tanto nuestros pensamientos como nuestras palabras están protagonizadas por los pronombres «yo», «mí», «me», «mío»... Y tarde o temprano llega un día en el que no queda ni rastro de la conexión profunda con el ser que somos en esencia, completando así la identificación con el ego.

¿Qué es el ego?

«Ego» en latín significa «yo». Y básicamente es un mecanismo de defensa. Tiene una función muy primaria: ayudarnos a sobrevivir al abismo emocional que suponen los primeros años de nuestra existencia, protegiéndonos del angustioso dolor que nos causa la herida de separación. El ego es el escudo con el que nos protegemos y la coraza con la que nos defendemos. Es un impostor que actúa como un falso concepto de identidad: lo que creemos ser pero que en realidad no somos. El ego es un farsante. Nos engaña cada día, convenciéndonos de que somos nuestra mente y nuestro cuerpo.

El ego es condicionamiento. Es un producto del entorno social y familiar en el que nos hemos criado. El ego es egocéntrico:

todo gira en torno a sus necesidades y deseos. Siempre se toma lo que sucede como algo personal. Nos convierte en el ombligo del mundo. Y nos ciega por completo, provocando que solo nos veamos a nosotros mismos. El ego es reactivo; la reactividad es su actividad favorita. De ahí que reaccionemos impulsivamente frente a cualquier estímulo que no nos beneficia o nos perjudica.

El ego es sufrimiento: se perturba a sí mismo cada vez que la realidad no se ajusta a sus expectativas. Y con cada perturbación es como si nos tomáramos un chupito de cianuro. El ego es victimista: no asume nunca su parte de responsabilidad. Y nos instala en la queja y en la culpa. El ego es prepotente y arrogante: se cree mejor y superior que el resto. Además, el orgullo y la soberbia le impiden hacer autocrítica. Por eso en general no cuestionamos nuestra forma de pensar ni nuestro sistema de creencias.

El ego es una máscara y un disfraz: tiende a fingir y aparentar para causar una buena impresión en los demás. El ego es infantil. Nos lleva a comportarnos como niños pequeños. Cada uno con sus juguetes y sus pataletas. El ego es dependiente y apegado. Nos hace creer que necesitamos algo de fuera para sentirnos felices. El ego es celoso y posesivo. Nos vuelve temerosos de perder aquello que creemos nuestro. El ego es envidioso. Se compara todo el rato con quienes le rodean, haciéndonos sentir inferiores y acomplejados.

El ego es un carcelero. Nos somete a cumplir cadena perpetua en una invisible mazmorra mental y psicológica. El ego es neblina. Nos lleva a filtrar e interpretar la realidad de forma excesivamente distorsionada y subjetiva. El ego es oscuridad. Representa nuestro lado oscuro y nuestras sombras más tenebrosas. Se alimenta de nuestras heridas y traumas de infancia, así como de nuestros demonios internos. El ego es ruido. Es la vocecita que oímos en nuestra cabeza y que no se calla nunca. Su alimento preferido son los pensamientos, a poder ser negativos. El ego es cínico y nihilista. No cree en nada porque no cree en sí mismo. Bajo su embrujo nuestras vidas carecen de propósito y sentido.

El ego crea una dualidad cognitiva

El ego es un constructo mental ilusorio. Está construido a base de creencias y pensamientos ficticios. No es real. Solo existe en nuestra mente. El ego crea una dualidad cognitiva: yo-tú / nosotros-ellos / dentro-fuera / bueno-malo... Nos hace creer que somos un ente separado, totalmente desconectado de nuestro ser esencial, de los demás y de la vida. El ego es conflictivo. Es la causa de la división, la lucha y la guerra permanentes que padece desde siempre la humanidad.

El ego es ignorante. Ignora su propia ignorancia: que no somos el ego. Funciona con creencias falsas y erróneas que limitan nuestra manera de entender la vida. El ego es inconsciente. No es consciente de su propia inconsciencia. Y tampoco quiere saberlo. Por eso en general vivimos dormidos, con el piloto automático siempre puesto. El ego es acomodado y tiene mucho miedo al cambio. Vive dentro de una cerca llamada «zona de comodidad». El ego es borrego. Tiende a seguir al rebaño. Prueba de ello es que son muy pocos los que se atreven a cuestionar el orden social establecido. Y, sin embargo, el ego es un dictador. Siempre quiere tener la razón, imponer su punto de vista y salirse con la suya. Es capaz de confrontar cualquier cosa excepto a sí mismo.

El ego es infeliz. Se siente permanentemente insatisfecho. Siempre le falta algo pero no sabe el qué. El ego es neurótico. Se cuenta todo tipo de historias y se monta todo tipo de películas en su cabeza. Nos hace perder de vista lo auténticamente real que está pasando aquí y ahora. El ego es paranoico. Se inventa diferentes amenazas y peligros para justificar su miedo. El ego es adicto al drama; es un artista a la hora de hacer montañas a partir de granitos de arena. El ego es enfermizo. Como consecuencia de su nociva forma de pensar, sentir y comportarse nos lleva a padecer numerosas enfermedades psicosomáticas, como el estrés, la ansiedad y la depresión.

El ego es insaciable: siempre quiere y necesita más. Bajo la influencia de este *yo* ilusorio sentimos un enorme vacío en nuestro interior. Y equivocadamente buscamos la manera de taparlo y de llenarlo con *cosas* del exterior. Por eso somos tan consumistas y materialistas. Pero nada de lo que conseguimos nunca es suficiente. La codicia y avaricia del ego no tiene límites. No solo no valora lo que tiene, sino que nos lleva a querer constantemente aquello que no tenemos. El ego es un parche. Al desconectarnos del ser esencial lo utilizamos para ir tirando. Pero es una simple cuestión de tiempo que termine reventando, provocando que nos estampemos contra el suelo.

El iceberg de nuestra psique

Una de las contribuciones más significativas que aporta el Eneagrama es que hace una fiel radiografía de los nueve rostros del ego. Lo cierto es que todos tenemos un poco de cada uno de ellos. Sin embargo, al adentrarnos en los nueve tipos de personalidad seguramente nos sentiremos más identificados con un ego en particular: el de nuestro eneatipo principal. Y también con el de los números a los que nos centramos y descentramos, así como el de nuestra(s) ala(s). Es precisamente en estos cuatro (o cinco) eneatipos en donde más atención hemos de poner para lograr nuestra sanación y transformación.

Con la intención de hacer consciente la influencia que este falso concepto de identidad —o *yo* ilusorio— tiene en nuestras vidas vamos a conocer más en profundidad seis aspectos principales del ego de cada eneatipo. Todos ellos representan las distintas capas del iceberg que simboliza nuestra psique. Vamos a verlas una por una, desde las más invisibles —que están por debajo de la superficie— a las más visibles —que están por encima.

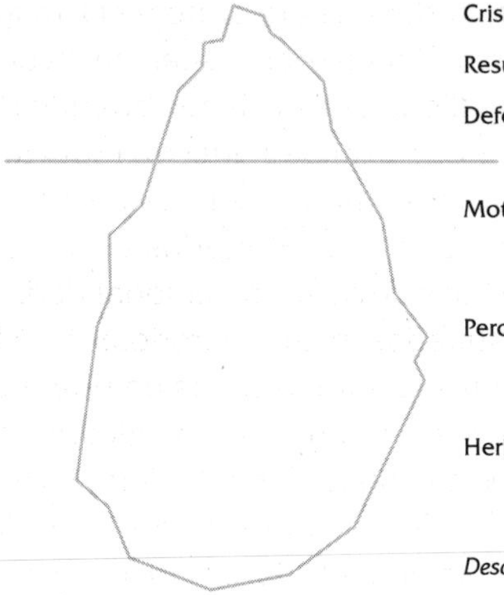

El primer aspecto es la «herida de nacimiento». Se trata de la incómoda y desagradable sensación que sentimos cuando vivimos desconectados de nuestra esencia. Y difiere según el modelo mental inherente a cada eneatipo. Este dolor nos impide vivir conscientemente, estar presentes y sentir dicha aquí y ahora.

El segundo es la «percepción neurótica». Es la forma errónea, limitada y distorsionada en la que el ego percibe quiénes somos y cómo funciona la vida. Son todas aquellas ideas locas y creencias falsas acerca de quiénes se supone que tenemos que ser y de cómo consideramos que debería funcionar el mundo. El Eneagrama también las llama «fijaciones». Esencialmente porque se *fijan* en nuestra mente durante nuestra infancia en base al condicionamiento recibido por los egos de nuestro entorno social y familiar.

El tercero es la «motivación egocéntrica». Es el motor enfermizo que nos mueve a convertirnos en una versión idealizada de nosotros mismos, orientando nuestra existencia al propio interés. También es la fuerza oscura que hay detrás de todas nuestras actitudes y conductas inconscientes.

El cuarto son los «defectos egoicos». Es decir, los rasgos obsesivos que manifestamos con mayor frecuencia cuando vivimos esclavizados por el ego. También son las reacciones impulsivas y automáticas que se desencadenan para proteger la imagen idealizada de nosotros mismos. E incluso los mecanismos de defensa y los trastornos de personalidad que devienen cuando nos obsesionamos con conseguir hacer realidad nuestra motivación egocéntrica. A pesar de ser profundamente neuróticos, estos patrones de conducta inconscientes —forjados durante nuestra infancia— constituyen la base de nuestra personalidad.

El quinto son los «resultados insatisfactorios». Son las emociones más habituales que experimentamos en nuestro interior como consecuencia de vivir tiranizados psicológicamente por los defectos inconscientes, los mecanismos de defensa y las reacciones automáticas del ego. El Eneagrama también las denomina «pasiones», cuya etimología procede del latín «patior», que quiere decir «sufrir» o «padecer». Y tienden a manifestarse con tal fuerza e intensidad que en muchas ocasiones nos arrastran a sentimientos y estados de ánimo muy difíciles de gestionar.

El sexto es la «crisis existencial». Al vivir identificados con el ego —y movidos por el descentramiento—, tarde o temprano llegamos a una saturación de sufrimiento que nos lleva a tocar fondo. Los místicos llaman a este acontecimiento «la noche oscura del alma». De pronto algo dentro nos hace clic, llevándonos a mirarnos en el espejo, saltar al vacío, adentrarnos a lo nuevo y lo desconocido, emprender una travesía por el desierto e iniciar nuestra propia búsqueda de la verdad. Y, en definitiva, a emprender el viaje de autoconocimiento para confrontar nuestra ignorancia e inconsciencia. Y es precisamente en ese instante en el que el Eneagrama suele aparecer en nuestras vidas.

Sin embargo, no todo el mundo que se sumerge en una crisis existencial la aprovecha para transformarse. En algunos casos, el dolor y el miedo que sienten algunas personas es tan grande que siguen resistiéndose al cambio, perpetuándose en un estado de incomodidad cómoda marcado por el autoengaño, el victimismo y el afán de culpa. Es entonces cuando algunos optan por automedicarse y —en casos extremos— incluso suicidarse.

El ego espiritual

Recapitulando, la herida de nacimiento genera la percepción neurótica que a su vez produce la motivación egocéntrica, la cual está detrás de los defectos egoicos, que son los que provocan los resultados insatisfactorios, que finalmente nos sumergen en una crisis existencial. Todo está unido e interconectado. Del mismo modo que una determinada semilla contiene un determinado fruto, una determinada herida de nacimiento causa una determinada crisis existencial. De ahí la importancia de conocernos a nosotros mismos, aprendiendo a bucear en nuestras profundidades.

Por otro lado, además de mostrar la tríada, el descentramiento, las alas y los instintos de cada eneatipo, también analizaremos otro aspecto fundamental: el «ego espiritual». Es el último disfraz que utiliza este falso concepto de identidad para seguirnos encarcelando. Una vez estamos inmersos en nuestro proceso de autoconocimiento y desidentificación, el ego se va adaptando y estilizando para sobrevivir. Y comienza a emplear nuevas estrategias de manipulación mucho más sofisticadas. Sin ir más lejos, toma una forma aparentemente espiritual con la finalidad de perpetuar su poder e influencia sobre nosotros. Para empezar, nos hace creer que estamos mucho más evolucionados de lo que en realidad estamos.

Llegados a este punto, es fundamental recordar que no hemos elegido tener ego. Surgió como consecuencia de perder el contacto con el ser durante una etapa muy dependiente y vulnerable de nuestra vida. Su función fue la de protegernos. Y si bien al llegar a la edad adulta nos quita mucho más de lo que nos da no hemos de caer en el error de juzgarlo, condenarlo ni demonizarlo. No podemos combatir el ego desde el ego y salir victoriosos. Lo único que necesitamos es comprenderlo, aceptarlo y amarlo. Solo así podremos verdaderamente integrarlo para posteriormente trascenderlo. Y esto pasa irremediablemente por comprometernos con nuestro propio proceso de despertar y transformación.

VI

El proceso de transformación

Ser conscientes del ego no es suficiente para poder trascender este falso concepto de identidad. Lo que nos permite vivir despiertos es comprometernos con nuestra transformación personal. Más allá de ayudarnos a hacer un autodiagnóstico de nuestro lado oscuro, el Eneagrama nos muestra el camino espiritual que cada eneatipo ha de seguir para manifestar su parte luminosa.

El mayor aprendizaje que nos propone esta herramienta es autotrascendernos, dejando de identificarnos con el *yo* ilusorio que nos mantiene psicológicamente prisioneros. Y es que no somos nuestra personalidad, sino la consciencia que es capaz de observarla. El quid de la cuestión es que cuestionar el ego es muy doloroso al principio. Y ya no digamos soltarlo, lo cual puede llegar a ser aterrador. Además, en la medida en la que comenzamos a mirar hacia dentro empiezan a aflorar emociones reprimidas y heridas enterradas durante largo tiempo. Esta es la razón por la que este trabajo interior es para valientes.

Además de mostrar el centramiento, vamos a profundizar en los tres aspectos principales de nuestro proceso de transformación. El primero es el «desafío psicológico» inherente a nuestro tipo de personalidad. Se trata de una barrera mental invisible que nos mantiene como esclavos del ego. Y se presenta en forma de pregunta, la cual pone de manifiesto una paradoja que no podemos resolver intelectualmente. Hacerla consciente suele ayudarnos a hacer clic.

El segundo aspecto son las «prácticas transformadoras». Es decir, el conjunto de *insights* y experiencias relacionadas con el cuerpo, la mente y el espíritu que más contribuyen al desarrollo de la consciencia y la reconexión con el ser esencial. Todas ellas están orientadas a dejar de alimentar y reforzar el ego, de manera que el *yo* con el que estamos tan identificados se vaya debilitando hasta que finalmente *muera* de inanición. Esta es la razón por la que al principio sintamos aversión y resistencia a llevarlas a cabo.

La reprogramación mental

El tercer aspecto son las «afirmaciones eneagrámicas» para reprogramar nuestra mente. Se trata de los principales mensajes de sabiduría que hemos de repetirnos en nuestro fuero interno —todas las veces que podamos— para limpiar nuestro subconsciente. Recordemos que nuestras creencias y pensamientos son la raíz de nuestras emociones, las cuales nos mueven a tomar ciertas decisiones y conductas, que en última instancia generan los resultados que cosechamos en las diferentes áreas de nuestra vida.

A la hora de poner en práctica las afirmaciones positivas, es fundamental ponerle intención pero soltar y desapegarnos de cualquier resultado. Al verbalizarlas —tanto en voz alta como en nuestro fuero interno— hemos de visualizar claramente aquello que estamos expresando. Y más importante aún: hemos de creer en lo que afirmamos para sentir la emoción correspondiente.

En la medida en que las repitamos con frecuencia, con el tiempo y la práctica poco a poco iremos modificando nuestro sistema de creencias y —por ende— nuestra forma de pensar. También iremos sintiendo otro tipo de emociones, las cuales nos llevarán a adoptar nuevas actitudes, conductas y decisiones. Al cambiar las semillas sembradas en nuestra realidad mental, cambiarán los frutos cosechados en nuestra realidad física, trasformando por completo nuestra personalidad.

Por otro lado, en el capítulo «Decálogo para vivir despierto» que aparece al final del libro aparecen otras diez prácticas genéricas de desarrollo espiritual. Todas ellas son muy recomendables para cualquier persona, sin importar cuál sea su eneatipo principal. Son muy útiles para desidentificarnos del ego y despertar nuestra consciencia dormida. Del mismo modo que un músculo se fortalece en la medida en la que lo vamos entrenando, nuestra transformación personal se va volviendo cada día más fácil y agradable al irla poniendo en práctica. Y llega un día en que estamos tan conectados con el ser esencial que apenas nos supone un esfuerzo llevar a cabo este tipo de prácticas espirituales. Más que nada porque se integran en nosotros y en nuestro día a día.

VII

Anatomía del ser esencial

Desde una perspectiva terapéutica, la gran contribución del Eneagrama es la descripción psicológica que hace de los nueve tipos de personalidad. A su vez, se trata de una herramienta de autoconocimiento muy útil para dar nuestros primeros pasos por la senda del «misticismo». Esencialmente porque nos posibilita —de forma permanente o temporal— trascender el ego, liberarnos del falso concepto de identidad, desidentificarnos del *yo* ilusorio y salir del encarcelamiento mental. Y como consecuencia, dejar de sentirnos un *yo* separado de la realidad y volvernos *uno* con la vida.

El proceso de transformación personalizado que propone para cada eneatipo suele culminar con un «despertar de consciencia». Así es como obtenemos una profunda comprensión acerca de quién verdaderamente somos: el «ser esencial». Es decir, lo que queda cuando pelamos todas las capas de la «cebolla psicológica» que creemos ser. El ser esencial es nuestra auténtica identidad. Es lo que somos en esencia. Es el silencio que deviene cuando nos vaciamos de pensamientos, desvaneciéndose la mente por completo. Es nuestra auténtica naturaleza, la chispa de divinidad con la que nacimos: la espiritualidad. Eso sí, totalmente laica, sin relación alguna con creencias, confesiones ni instituciones religiosas.

El quid de la cuestión es que el ser esencial no es un *yo*; es una experiencia sin experimentador. Es un estado muy sutil de consciencia, presencia y dicha. El ser esencial es la consciencia-testigo que emerge cuando nos desidentificamos de la mente y del ego. Y desde la que se produce una observación consciente, neutra e impersonal de lo que sucede aquí y ahora. El ser esencial es lo único genuinamente real que hay en nosotros. De ahí que nos permita contactar con la realidad última —«lo que es»—, libre de interpretaciones, etiquetas o juicios subjetivos. El ser esencial es aquello que no cambia; es estable, permanente e inmutable. Es nuestro centro: nuestro corazón espiritual. Y, en definitiva, es el espacio vacío que queda cuando nos desprendemos de todo lo falso, ficticio e ilusorio con lo que nos hemos venido identificando.

Cuando vivimos conectados con el ser esencial sentimos que todo está bien y que no nos falta de nada. Dicha conexión nos hace sentir verdaderamente felices, abundantes, plenos y completos. Irónicamente, también sentimos que no somos nadie ni nada. Y, sin embargo, sentimos que lo somos todo y que estamos conectados con todos. El ser esencial nos permite vivir en armonía con nosotros mismos, con los demás y con la vida. Nos conecta con la luz y la sabiduría innatas con la que nacimos. De pronto nos sentimos bendecidos y agradecidos de poder disfrutar de este maravilloso regalo que consiste simple y llanamente en estar vivos.

La imperturbabilidad del ser esencial

Inspirados por su presencia, dejamos de reaccionar impulsivamente frente a lo que ocurre, así como de oponer resistencia a lo que sucede. A su vez renunciamos a luchar y entrar en conflicto con lo que acontece. El ser esencial nos capacita para cultivar la proactividad, pudiendo responder con sabiduría a los retos y desafíos que van surgiendo en cada momento. También nos posibilita fluir, ser flexibles y adaptarnos a nuestras circunstancias con inteligencia. Nos conecta con la «ataraxia». Es decir, la paz y la imperturbabilidad interiores. De hecho, es imposible perturbarnos cuando estamos desidentificados del ego. Más que nada porque no hay ningún *yo* que pueda perturbarse. La madurez espiritual que nos confiere el ser esencial consiste en estar en paz con todo lo que acontece, incluso cuando no estamos en paz con nosotros mismos.

El ser esencial nos lleva a aceptarnos y amarnos incondicionalmente, aceptando y amando a los demás tal como son y a la vida tal como es. Nos permite ver la neutralidad inherente a la existencia, llenando nuestro corazón de paciencia, ecuanimidad y serenidad. El ser esencial nos guía por medio de la intuición, la cual no se pronuncia por medio de palabras, sino a través de sensaciones. En todo momento nos invita a honrar nuestra singularidad, desplegar nuestro potencial, ser fiel a nuestros valores esenciales y vivir de forma honesta e íntegra.

Cuando vivimos conectados con el ser esencial nos mostramos humildes, dejando de darnos tanta importancia a nosotros mismos. Principalmente porque sabemos que no somos los autores de lo que decidimos ni hacemos, sino que en última instancia es la vida quien vive, se despliega y se expresa a través nuestro. El ser esencial posibilita que confiemos plenamente en la existencia, comprendiendo que no nos pasa lo que queremos, sino lo que necesitamos para seguir creciendo y evolucionando espiritualmente.

El ser esencial nos reconecta con la inocencia con la que nacimos, liberándonos de la moral y de la culpa. Nos hace entender que todo el mundo tiene derecho a cometer errores para aprender. Y que nadie tiene el poder de hacernos sufrir sin nuestro consentimiento. El ser esencial también nos inspira a mirar a los demás con compasión, entendiendo que cada quien lo hace lo mejor que sabe en función de su nivel de consciencia.

Cuando estamos en contacto con el ser cultivamos el altruismo y la generosidad. Esencialmente porque comprendemos que haciendo el bien a nuestros semejantes encontramos el nuestro. Que en esta vida recibimos lo que damos y cosechamos lo que sembramos. Y que tan solo nos llevamos lo que hemos entregado. El ser esencial nos permite desapegarnos de cualquier persona y cosa. Nos hace tomar consciencia de que la auténtica felicidad reside en nuestro interior y deviene cuando vivimos conectados con nuestra esencia.

Motivación trascendente

El ser esencial está presente en cada momento —aquí y ahora— durante toda nuestra vida. Sin embargo, la identificación con el ego nos impide ser conscientes y vivenciar nuestra esencia. Con la finalidad de vivir más conectados con lo que verdaderamente somos, vamos a conocer más en profundidad cinco aspectos principales del ser esencial de cada eneatipo.

El primer aspecto es «la reconexión con el ser esencial». Se trata del tipo de sensaciones que experimentamos cuando nos desidentificamos del ego, las cuales se asemejan mucho a lo que sentíamos en el estado intrauterino. Y es que al regresar al *lugar* del que partimos sanamos automáticamente nuestra herida de nacimiento, la cual tan solo tiene poder sobre nosotros mientras estamos desconectados. Es una sensación tan excepcionalmente gustosa y agradable que no tiene parangón con nada de lo que hayamos podido experimentar anteriormente. No hay droga en este mundo que pueda hacernos sentir tan bien como reconectar con nuestra verdadera esencia.

El segundo aspecto es la «percepción neutra». Es la visión sabia y objetiva que recuperamos cuando reconectamos nuevamente con el ser esencial, la cual difiere según el modelo mental de cada eneatipo. Es entonces cuando podemos vernos tal como somos y —por ende— observar la realidad tal como es, sin distorsiones ni limitaciones de ningún tipo. Al liberarnos del ego y desidentificarnos de la mente cae el velo de ignorancia desde el que solíamos distorsionar subjetivamente la realidad. Es entonces cuando entramos en contacto con ciertas verdades universales acerca de cómo funciona nuestra condición humana y el mundo del que formamos parte. El Eneagrama las llama «ideas santas», las cuales están relacionadas con el centro intelectual superior. Etimológicamente la palabra «santo» significa «verdad objetiva».

El tercer aspecto es la «motivación trascendente». Es la forma más elevada en la que la vida se manifiesta y expresa a través nuestro, inspirándonos a orientar nuestra existencia al bien común. A su vez podemos decir que es el motor que se encuentra detrás de nuestras cualidades esenciales, nuestras respuestas conscientes y nuestros resultados satisfactorios. En última instancia, nos mueve e impulsa convertirnos en una herramienta al servicio de los demás, ofreciendo así la mejor versión de nosotros mismos.

El cuarto aspecto son las «cualidades esenciales». Son las actitudes, conductas, fortalezas, habilidades, dones y talentos innatos que manifestamos de forma natural cuando vivimos conectados con el ser esencial y estamos guiados por la motivación trascendente. También son la manera consciente, sabia y proactiva con la que respondemos a determinados estímulos externos, permitiéndonos así preservar nuestro bienestar interno.

El quinto y último aspecto son los «resultados satisfactorios». Son los sentimientos más frecuentes que experimentamos en nuestro interior como consecuencia de manifestar las cualidades esenciales y las respuestas conscientes. El Eneagrama las denomina «virtudes» y están relacionadas con el centro emocional superior. Y si bien cada eneatipo tiende a sentir con más frecuencia un determinado tipo de emociones, también experimentamos momentos de profunda paz, felicidad y amor. Estos tres estados no se consideran emociones, sino rasgos de nuestra verdadera naturaleza, pues no tienen ninguna causa externa.

La consciencia de unidad

El ser esencial dota a nuestra existencia de un sentido y un propósito trascendentes: pasar de la herida de separación a la «consciencia de unidad». Recordemos que cuando vivimos identificados con la mente y el ego percibimos la realidad desde una falsa dualidad cognitiva, la cual nos hace sentir separados de aquello que observamos. Sin embargo, se trata de una alucinación mental completamente subjetiva, ilusoria y ficticia. En realidad no existe tal dualidad ni separatividad, pues el observador y lo observado son esencialmente lo mismo.

Si bien a nivel superficial parece que existe tal diferenciación, en un plano más profundo no hay división alguna, pues todo lo que existe forma parte de una misma unidad indivisible. El universo es en sí mismo un gran organismo vivo que todo lo contiene y todo lo abarca, incluyendo a cada uno de nosotros. En el instante en el que reconectamos con el ser esencial de forma consciente regresamos al hogar del que partimos, sintiendo que estamos conectados y fusionados con toda la existencia.

Esto es precisamente lo que vivenciamos mediante la «experiencia mística». Es decir, un momento de profunda desidentificación, liberación e iluminación, dándonos cuenta de que estamos intrínsecamente unidos con la vida. Lo cierto es que desde esta consciencia de unidad empezamos a tratar a los demás como parte de nosotros mismos. Y a relacionarnos con la realidad como lo que es: un espejo donde nos vemos reflejados y una pantalla en la que nos proyectamos.

La paradoja de todos los libros sobre espiritualidad —incluyendo este— es que el estado de consciencia no puede explicarse conceptualmente. Más que nada porque está más allá del lenguaje. Y es imposible de comprender a través del intelecto y la mente. Místicos de todos los tiempos le han puesto muchos nombres, todos ellos siempre en mayúsculas: Dios, Fuente, Absoluto, Ser, Consciencia, Totalidad, Universo... Gracias al Eneagrama podemos reconciliarnos con nosotros mismos y con la vida, tomando consciencia de que esta Realidad es inherentemente maravillosa. Lo único que necesitamos para verificarlo es liberarnos de la jaula mental en la que malvivimos cuando estamos excesivamente identificados con el ego.

VIII

¿El eneatipo se nace o se hace?

Es sin duda el gran debate en torno al Eneagrama: ¿el eneatipo viene de serie? ¿O se construye durante nuestra infancia? Lo cierto es que son las dos cosas a la vez. Por un lado, nacemos con un eneatipo dominante. Del mismo modo que venimos a este mundo con un esqueleto físico, también lo hacemos con uno psicológico: nuestro modelo mental. Es la denominada «psicología de lo innato»: cada ser humano es como una semilla, la cual trae consigo al nacer un tipo de fruto en potencia.

En función de este modelo mental innato —nuestro eneatipo principal— cada uno de nosotros siente la herida de separación de forma diferente. Entre los principales traumas de nacimiento destacan la sensación de insuficiencia e imperfección (eneatipo 1). Abandono y falta de amor (2). Menosprecio e infravaloración (3). Rechazo e inferioridad (4). Ignorancia e incapacidad (5). Inseguridad y desconfianza (6). Vacío e insatisfacción (7). Vulnerabilidad e indefensión (8). Y la sensación de negación y no ser bienvenido (9).

Cada una de estas dolorosas heridas se convierte en el motor que nos lleva a desarrollar un falso concepto de identidad, un personaje que sepulta y se superpone sobre nuestra verdadera esencia. Por ejemplo, si nuestro eneatipo principal es el 1, la separación de nuestro ser esencial nos lleva a sentirnos imperfectos por dentro, convirtiéndonos en personas perfeccionistas y autoexigentes para las que nunca nada es suficiente. Y como consecuencia tendemos a experimentar frustración, ira y amargura.

Si nuestro eneatipo dominante es el 2, hace que nos sintamos abandonados, volviéndonos personas necesitadas y apegadas que mendigan el cariño y la aprobación de los demás. Y como resultado cosechamos soledad, dependencia emocional y tristeza. En cambio, si nuestro eneatipo principal es el 6, nos genera desconfianza, convirtiéndonos en personas miedosas y paranoicas que buscan apoyo y orientación para evitar tomar nuestras propias decisiones en la vida. Y, por ende, padecemos inseguridad, ansiedad y temor. De este modo hay una estrecha correlación entre nuestra herida de nacimiento, el tipo de ego que desarrollamos para compensarla y los resultados insatisfactorios que cosechamos como resultado.

Por el otro lado, no podemos obviar lo mucho que influye en el desarrollo de la semilla que somos las condiciones meteorológicas que nos toca vivir. No es lo mismo crecer en tierra fértil que tener que sobrevivir en una zona árida. Tampoco tiene nada que ver recibir mucha agua que muy poca. O florecer en un entorno con grandes dosis de luz natural en vez de hacerlo en uno lleno de sombra y de penumbra...

Separar el grano de la paja

Es evidente que las circunstancias que afrontamos durante nuestros primeros años de vida nos condicionan, moldean y marcan profundamente. El lugar en el que nacimos. La forma en la que fuimos tratados por nuestros padres, cuyo eneatipo dominante influye mucho en la construcción del nuestro. El tipo de escuela a la que fuimos... Sin embargo, hemos de separar el grano de la paja. Y es que una cosa es lo que sucedió (los hechos) y otra —muy distinta—, lo que hicimos con ellos. Es decir, la forma subjetiva en la que interpretamos y digerimos dichos acontecimientos.

Pongamos como ejemplo una familia con nueve hijos, cada uno de ellos con un eneatipo principal diferente. Y supongamos que en un momento dado muere el padre en un accidente. Si bien este suceso es el mismo para todos, cada uno de los nueve hijos lo procesará de forma distinta, en función de su tipo de personalidad. Puede que uno de ellos no levante cabeza el resto de su vida. O que a otro le despierte un espíritu de superación que desconocía, haciéndose todavía más fuerte. ¿Quién sabe?

Y es que en la vida dos más dos no siempre son cuatro. Nunca sabemos qué puede extraer de nosotros un evento en concreto. Eso sí, del mismo modo que cuando exprimes una naranja sale zumo de naranja y cuando estrujas un limón sale jugo de limón, cuando la vida nos aprieta saca lo que llevamos dentro. Esta es la razón por la que la realidad es neutra: lo que sucede es lo que es y lo que hacemos con ello es lo que somos.

Además, todas las experiencias traumáticas quedan registradas en el ego, pero en ningún caso pueden herir ni destruir el ser esencial. Por más maltratos, abusos y vejaciones que haya podido recibir nuestro niño interior, dichas heridas dejan de tener influencia sobre nosotros al reconectar con nuestra esencia. En vez de pelearnos con la oscuridad, se trata de encender la luz. Creer que únicamente somos un producto de lo que nos ha ocurrido nos lleva a adoptar el rol de víctima, entregándole todo el poder a lo de afuera. En cambio, aprovechar esos mismos eventos para aprender, crecer y evolucionar espiritualmente nos libera y empodera.

Eso sí, dado que los niños pequeños son vulnerables e indefensos enseguida quedan presos de la identificación con sus mini-egos. De ahí que sea imposible transitar la infancia de forma inmaculada. Por eso todos tenemos algún tipo de herida, secuela, tara o trauma psicológico. Para que haya una verdadera curación y transformación hemos de abrazar, sentir e integrar el dolor que se generó durante nuestra niñez, el cual envuelve y recubre como una costra al ser esencial.

Sin embargo, la mayoría de los adultos no están dispuestos a comerse este marrón terapéutico y prefieren mirar hacia otro lado. Esta es la razón por la que se aferran al ego como escudo protector para evitar lidiar con sus fantasmas y demonios internos. El Eneagrama nos invita a mirarlos nuevamente de frente, recordándonos que conocernos a nosotros mismos es doloroso, pero muy liberador.

IX

Cómo tener un orgasmo emocional

El Eneagrama tiene un aspecto binario, el cual está relacionado con el descubrimiento de nuestro eneatipo dominante. O lo sabemos con certeza o no tenemos ni idea. La diferencia estriba en si hemos experimentado un «orgasmo emocional». Es decir, un momento eureka, una toma de consciencia y un fogonazo de claridad que marca un antes y un después en nuestra manera de comprendernos y de relacionarnos con nosotros mismos, con los demás y con la vida. Literalmente nos explota la cabeza.

¿Y cómo podemos saber si hemos sido bendecidos con semejante revelación? Del mismo modo que sabemos cuándo hemos tenido un orgasmo en la cama, sabemos perfectamente cuándo hemos descubierto nuestro eneatipo principal. Es imposible que siga habiendo lugar para la duda. Este orgasmo emocional es tan poderoso que incluso el eneatipo 6 está absolutamente convencido de cuál es el suyo. Solamente entonces nos damos cuenta del incalculable valor inherente a esta maravillosa herramienta de autoconocimiento.

Es muy fácil saber quiénes han tenido un orgasmo emocional y quiénes no. Basta con escuchar la forma en la que hablan de sí mismos cuando relatan su experiencia con el Eneagrama. En caso de sí haberlo tenido, de alguna manera u otra siguen impactados —y algo asombrados— por el descubrimiento realizado. De ahí que tiendan a expresar su vivencia con fascinación y entusiasmo. Es muy habitual escucharlos decir que descubrir su eneatipo les tocó mucho los *tomates*, pero que fue muy liberador. Tanto es así, que por mucho que pasen los años es del todo imposible que olviden cuál es el número del eneatipo con el que más se identificaron. Muchísimas personas incluso se lo han tatuado.

Por el contrario, también es muy sencillo reconocer a quienes no han tenido un orgasmo emocional con el Eneagrama. Para empezar no saben muy bien cuál es su tipo de personalidad dominante, pues se ven bastante reflejados en unos cuantos eneatipos. Y en caso de haberse identificado, no recuerdan exactamente con cuál. Es muy común escucharlos decir que no creen que su forma de ser pueda cartografiarse por medio de ningún mapa. En muchos casos proyectan sus prejuicios no cuestionados sobre esta herramienta, poniendo de manifiesto que —por los motivos que sean— no se han dado la oportunidad de profundizar lo necesario. Al quedarse en la superficie de las cosas su experiencia no ha sido emocional, sino tan solo racional.

No es plato de buen gusto reconocer que albergamos un lado oscuro lleno de ignorancia, inconsciencia y mediocridad. Y el Eneagrama es lo primero que nos pone frente a nuestra cara. Tampoco es nada apetecible remover ciertos traumas forjados durante nuestra infancia, volviendo a sentir emociones y sentimientos enterrados en el sótano de nuestra alma. De hecho, el orgasmo emocional deviene precisamente en el instante en el que nos damos permiso para sentir de forma consciente el desagradable dolor inherente a la herida de nacimiento que describe nuestro eneatipo principal. Por todo ello, lo único que necesitamos para tener un verdadero orgasmo emocional es ser radicalmente honestos con nosotros mismos. O dicho de otra manera: dejar de autoengañarnos.

Los siete niveles de identificación

Una vez nos sumergimos en el Eneagrama vamos descubriendo que existen siete niveles de identificación que, cual escalera descendente, van del más superficial al más profundo.

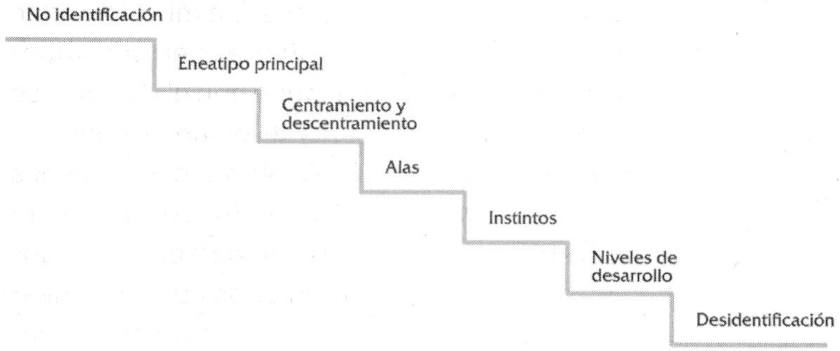

El primero tiene que ver con la «no identificación». Si bien estamos identificados inconscientemente con un tipo de personalidad, todavía no somos conscientes de dicho encarcelamiento psicológico. Y al no conocernos a nosotros mismos lo más habitual es vernos reflejados en todos los eneatipos, sintiendo que tenemos un poco de todos. Esto sucede porque nos quedamos trabados en las actitudes y conductas que describe esta herramienta, sin darnos cuenta de las motivaciones ocultas que hay detrás.

Recordemos que de los nueve tipos de personalidad hay uno que tiene mucho más protagonismo e influencia sobre nosotros, tanto en un plano egoico como esencial. De ahí que el segundo nivel consista en identificar nuestro «eneatipo principal». Y esto ocurre cuando experimentamos nuestro orgasmo emocional. De pronto somos conscientes del motor que se esconde detrás de nuestros actos, el cual está estrechamente relacionado con nuestra herida de nacimiento. Y al darnos cuenta muchas cosas en nuestra vida empiezan a cobrar sentido.

El tercer nivel está relacionado con el «centramiento» y el «descentramiento». Se trata de investigar más en profundidad el lado oscuro y la parte luminosa de los dos tipos de personalidad conectados con nuestro eneatipo principal por medio de las líneas que aparecen en el símbolo. Nos aportan información muy valiosa para iluminar nuestras sombras y vivir más conectados. De hecho, tenemos tanto de estos dos eneatipos que por momentos podemos pensar que alguno de ellos es nuestro eneatipo dominante.

El cuarto nivel son las «alas». Se trata de verificar cuanto nos influyen los dos eneatipos que están a la derecha y a la izquierda de nuestro tipo de personalidad principal, tanto en lo que respecta al ego como al ser esencial. En general tenemos un ala dominante, pero hay quienes tienen las dos. Y su influencia puede ser tan grande que en ocasiones también puede parecer que se trata de nuestro eneatipo principal. De ahí la importancia de trabajarnos la herida de dichos eneatipos como parte de nuestro proceso de transformación.

El quinto nivel son los «instintos» (conservación, sexual y social) de nuestro eneatipo dominante. Se trata de hacer consciente cuál de estos tres está más activo en nosotros, aportándonos información todavía más concreta y específica acerca de las necesidades y motivaciones más primarias del ego con el que estamos identificados. Lo recomendable es trabajarnos estas tres pulsiones, de manera que encontremos un sano equilibrio entre ellas.

El sexto nivel son los «niveles de desarrollo»: insano, medio y sano. Se trata de darnos cuenta de qué tan esclavizados estamos por nuestra herida de nacimiento, qué tan identificados estamos con el ego y, en definitiva, cuál es nuestro nivel de consciencia actual y el grado de conexión con el ser esencial. Recordemos que cada eneatipo puede vivirse de muchas maneras diferentes en función de estas variables.

La desidentificación consciente

El séptimo y último nivel es la «desidentificación». Llega un momento en nuestro viaje espiritual que nos desidentificamos conscientemente del ego, liberándonos del falso concepto de identidad y del *yo* ilusorio. Es entonces cuando tomamos todavía más consciencia de que evidentemente no somos un eneatipo. Y que lo que somos en esencia es imposible verbalizarlo con palabras. De este modo trascendemos el Eneagrama y todas las etiquetas que lo acompañan.

Recapitulando, desde la óptica del Eneagrama ninguno de nosotros pertenece a un solo tipo de personalidad. Somos una mezcla única y original de los nueve eneatipos, especialmente de cuatro o cinco de ellos: el principal; a los que nos centramos y descentramos; así como el ala o las alas. Todo ello sazonado por la influencia de un instinto dominante y el nivel de desarrollo en el que nos encontramos. E incluso por los eneatipos principales de nuestros padres, los cuales —evidentemente— influyen mucho en la construcción de nuestra personalidad. Y, por supuesto, por muchas más variables que no caben dentro de esta herramienta y que también influyen en por qué somos como somos A pesar de las generalizaciones que emplea el Eneagrama, es fundamental señalar que hay tantas combinaciones diferentes como seres humanos hay en este mundo.

En este sentido, hay que dejar muy claro que identificarse con un tipo de personalidad en particular no quiere decir que nos veamos reflejados en todo lo que se dice acerca de él. Ni mucho menos. Se trata más bien de reconocer —a grandes rasgos y de forma general— las tendencias de comportamiento que describe. Es muy importante que no te tomes las descripciones descritas a continuación de forma literal, rígida y absoluta, sino de manera arquetípica, flexible y orientativa. Recuerda que cada ser humano es un universo en sí mismo y —por ende— es indescriptible.

Curiosamente, al mirarnos en este espejo del alma y descubrir nuestro eneatipo principal sentimos todo tipo de emociones en nuestro interior. Hay quienes lloran. Hay quienes sienten alivio. Hay quienes se enfadan. Hay quienes sienten culpa. Hay quienes se avergüenzan. Hay quienes se sienten liberados. Hay quienes sienten lástima por sí mismos. E incluso hay quienes sienten asco y repulsión. Sea como fuere, la mejor actitud que podemos tomar frente al Eneagrama es reírnos de nosotros mismos y no tomarnos tan en serio. Al fin y al cabo no hemos elegido nuestras cualidades ni nuestros defectos: son estructurales y vienen de serie.

Antes de seguir leyendo, es recomendable que tengas a mano un rotulador fosforescente con el que ir subrayando todo aquello con lo que te sientas identificado. Tanto en lo concerniente a tu lado oscuro como a tu parte luminosa. Y dado que el Eneagrama describe tendencias de comportamiento, no solo subrayes aquello que refleja tu momento presente, sino también todo lo que te recuerde a tu manera de ser en el pasado. Y, sobre todo, ten en cuenta que el ego no quiere ser destronado. De ahí que vaya a hacer lo posible para autoboicotearte mientras leas. Simplemente date cuenta de las artimañas que utiliza para mantenerte hipnotizado y tarde o temprano tu orgasmo emocional llegará.

X

ENEATIPO 1: TODO ES PERFECTO

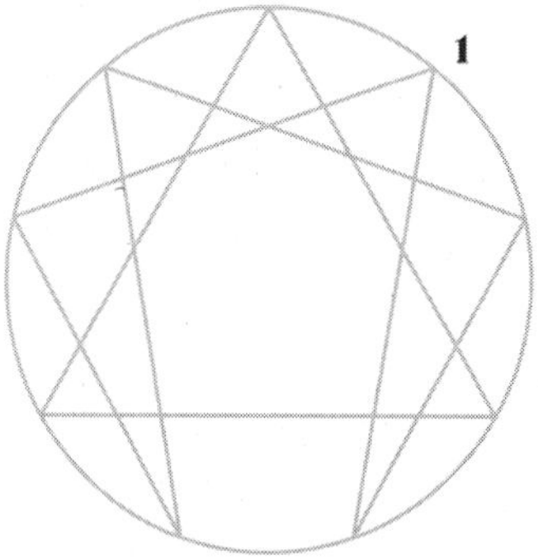

Cuando está identificado con el ego el eneatipo 1 se siente insuficiente e imperfecto. Y actúa como don perfecto, perfeccionista y perfeccionador. Es alguien muy exigente, crítico y prepotente. Pretende que la realidad siempre sea como él considera que tiene que ser en cada momento. Y al no conseguirlo se llena de enfado, frustración y amargura. Su aprendizaje pasa por transformar la ira en serenidad, aceptándose a sí mismo tal como es. Y esto pasa por abrazar sus imperfecciones, aprender a relajarse y dejar en paz a los demás. Al reconectar con el ser esencial se convierte en una persona compasiva, íntegra e inspiradora que acepta la realidad sin intentar cambiarla. Y como resultado se convierte en el cambio que quiere ver en el mundo.

Radiografía del ego

CÓMO SE MANIFIESTA EL ENEATIPO 1 CUANDO ESTÁ CONDICIONADO POR SU LADO OSCURO

Características arquetípicas del ego

Amargado. Arrogante. Cascarrabias. Crítico. Dogmático. Enfadado. Estricto. Exigente. Frustrado. Gruñón. Incoherente. Indignado. Inflexible. Intolerante. Iracundo. Irritado. Juez. Moralista. Obsesivo. Perfeccionista. Prepotente. Puritano. Quejica. Radical. Resentido. Rígido. Sermoneador. Susceptible. Vehemente. Tenso.

Herida de nacimiento

La separación y desconexión del ser esencial provoca que en lo más profundo sienta que hay algo deficiente, incorrecto, erróneo e inadecuado. Y como consecuencia le invade una sensación de insuficiencia e imperfección. Es entonces cuando siente que nada nunca es suficientemente perfecto. Y que todo siempre debería ser mejor de como es.

Percepción neurótica

Su visión egoica, subjetiva y distorsionada de la realidad le hace estar convencido de que es imperfecto. Y de que tendría que ser de otra manera —mucho mejor— a como actualmente es. También considera que tanto los demás como el mundo son tremendamente defectuosos. Y que deberían ser exactamente cómo el piensa que deberían ser. Esta es la razón por la que siempre encuentra taras, fallos y áreas de mejora allá donde mira. Y de que crea que tiene la responsabilidad de cambiar la realidad para que sea más perfecta.

Motivación egocéntrica

Su principal deseo es ser perfecto, sea lo que sea que signifique eso en su cabeza. A partir de ahí, se esfuerza y se exige todo lo humanamente posible para alcanzar dicho ideal de perfección. Pero nunca lo consigue, pues su juez interno no para de criticarlo, machacarlo y corregirlo para ser siempre un poco mejor de cómo es. Además de perfeccionarse a sí mismo, también quiere reformar a los demás y cambiar el mundo, chocando contra el duro muro de la realidad una y otra vez.

Defectos egoicos

Dogmatismo. Suele creer que su forma de pensar es la forma de pensar y que quien piensa de manera distinta está equivocado. Y tiende a exponer sus argumentos con cierto dogmatismo, como si fuera el portavoz de la verdad absoluta. Cree que solo existe una solución correcta para cada situación: la suya.

Exigencia. Tiende a ser muy perfeccionista con aquello que le importa de verdad, desarrollando una habilidad especial para detectar fallos e imperfecciones allá donde mira. Suele ser demasiado exigente consigo mismo, con los demás y con las situaciones que lo rodean, centrándose siempre en lo que debería mejorarse.

Idealismo. Se esfuerza más que nadie por hacer realidad su ideal de perfección en aquellos ámbitos que más le motivan, persiguiendo objetivos poco realistas y muchas veces inalcanzables. No ve a los demás ni al mundo como son, sino como tienen que ser para cumplir con sus exigentes expectativas.

Incoherencia. Quiere ser coherente con lo que predica, pero su discurso es tan elevado que es incapaz de practicarlo. Al esforzarse tanto para estar a la altura de la versión idealizada de sí mismo, emplea válvulas de escape para liberarse de la tensión acumulada, adoptando en privado conductas que condena públicamente.

Juicio. Tiene un juez interno que constantemente le está analizando, machacando y corrigiendo. Y suele criticar, instruir y sermonear con la misma dureza a los demás, especialmente cuando se equivocan, actúan con mediocridad o no muestran compromiso ni voluntad por querer mejorar.

Moralidad. Su puritanismo le lleva a condenar ciertos deseos e impulsos, los cuales tiende a reprimir inconscientemente por considerarlos inadecuados. Tiene muy clara la línea que separa el bien del mal. Y se esfuerza por vivir de acuerdo con su propia moralidad, siendo muy estricto consigo mismo y con los demás.

Prepotencia. Tiende a emanar un aura de superioridad ética y moral, creyéndose mejor que el resto. Cuando se siente juzgado se vuelve muy arrogante, tratando con cierto desprecio a quienes no están de acuerdo con sus argumentos. No entiende cómo los demás no comparten siempre sus puntos de vista.

Queja. Su foco de atención suele estar puesto en aquellas cosas o circunstancias que podrían ser mejor o diferentes a como son en cada momento. Se indigna con facilidad y no duda en protestar cuando percibe algo con lo que no está de acuerdo. Malvive instalado en la queja permanente.

Radicalismo. Tiende a ver las cosas blancas o negras, obviando la zona gris que se encuentra en el medio. Suele llevar al extremo sus posiciones ideológicas, las cuales expone con cierta agresividad y vehemencia, especialmente cuando siente que no son aceptadas como obvias. A menudo le pierden las formas.

Rigidez. Es adicto a dar su opinión y a tener la razón. Le cuesta mucho cuestionar sus creencias, las cuales defiende con rigidez. Se muestra inflexible frente a puntos de vista que difieren a los suyos. Cuando está convencido de algo es prácticamente imposible que cambie de opinión. Es muy cabezota y sabelotodo.

Susceptibilidad. Tiene la piel demasiado fina. Su enorme susceptibilidad provoca que enseguida se sienta criticado aunque nadie lo esté criticando directamente. Y tiende a ofenderse con mucha facilidad cuando alguien no apoya o no está de acuerdo con algo que ha dicho o ha hecho. No soporta sentirse juzgado.

Resultados insatisfactorios

Amargura. Al no valorar nunca lo que tiene y centrarse siempre en lo que le falta, tarde o temprano se instala en su corazón un sentimiento crónico de amargura. Es entonces cuando —calcinado por la ira y la frustración— todo le parece mal, todo le irrita y todo le molesta, sufriendo el síndrome del quemado o *burn out*.

Enfado. Tiende a estar enfadado consigo mismo, con los demás o con el mundo. Y en muchas ocasiones ya no sabe ni siquiera por qué. Con el tiempo, este enfado subyacente provoca que se convierta en un gruñón y en un cascarrabias que siempre está quejándose y de malhumor. Suele vivir con el ceño fruncido.

Frustración. Dado que nada ni nadie cumplen nunca con el ideal de perfección que ha dibujado inconscientemente en su mente, suele indignarse por no materializar sus elevadas expectativas. Al pretender que todo sea como él quiere que sea malvive en un estado de permanente frustración y decepción.

Ira. Dado que considera que la ira es imperfecta, tiende a reprimirla y esconderla para que no se le note. Sin embargo —cuando los acontecimientos le superan—, en ocasiones acaba estallando, montando en cólera y mostrando su lado más iracundo. Cegado por la ira puede llegar a decir auténticas barbaridades.

Resentimiento. Al subordinar el placer ante el deber reprime sus deseos para cumplir con las exigencias de su juez interno. Cree que no se merece disfrutar; solo se lo permite a modo de premio por culminar algún esfuerzo. Todo ello lo convierten en alguien resentido consigo mismo por exigirse con tanta severidad.

Tensión. Se presiona tanto a sí mismo que suele estar tenso. Lo cierto es que le cuesta muchísimo estar tranquilo. Y es incapaz de relajarse. Más que nada porque siempre hay algo que cambiar, reformar o mejorar. A menudo somatiza toda esta presión autoinflingida en forma de migrañas, bruxismo o dolor de espalda.

Trastorno de personalidad

La excesiva identificación con el ego puede llevarlo a padecer el trastorno obsesivo-compulsivo (TOC). Y este se caracteriza por tener pensamientos incontrolables y recurrentes (obsesiones) que pueden llevarlo a seguir unos mismos patrones de comportamiento rígidos y repetitivos una y otra vez (compulsiones).

Ego espiritual

Al entrar en el ámbito del desarrollo personal tiende a autoexigirse espiritualmente para alcanzar un nuevo ideal de perfección más evolucionado y sofisticado. De hecho, crea una nueva moral espiritual, según la cual debe aceptar siempre la realidad y no enfadarse nunca. Esta es la razón por la que empieza a perturbarse porque no debería perturbarse... A su vez suele dejar de ver la televisión, meditar todos los días o volverse vegetariano. Y no porque le apetezca, sino porque así se lo dicta su juez interno. También suele criticar a los demás por su nivel de inconsciencia, buscando reformar a quienes le rodean para que compartan su nueva filosofía de vida.

Tríada

Forma parte de la tríada del instinto. Su manera de conquistar la libertad, la autonomía y la independencia es exigirse y esforzarse para alcanzar la perfección en algún sentido, evitando así ser juzgado por su entorno. Al no aceptarse nunca a sí mismo carece de serenidad, convirtiéndose en una persona tensa e iracunda. Su visceralidad se manifiesta intentando controlar y dominar a los demás imponiendo sus puntos de vista con vehemencia. Y al reprimir la ira hacia dentro, está acaba aflorando en forma de críticas envenenadas.

Alas

Puede estar influido por el ala 2, sintiendo también la sensación de abandono y falta de amor de este eneatipo. Cree que para ser perfecto tiene que ser querido y gozar de aprobación social. De ahí que se esfuerce por ser buena persona y ayudar a los demás. Tiende a darse excesiva importancia a sí mismo, implicándose demasiado en vidas ajenas y estableciendo relaciones de codependencia. Le cuesta mucho ocuparse de sus propias necesidades y no le gusta estar solo. Practica la generosidad egocéntrica: da esperando recibir amor a cambio. Para profundizar más acerca del lado oscuro de esta ala es muy recomendable que interiorice la información relacionada con el ego del eneatipo 2.

También puede estar influido por el ala 9, sintiendo la sensación de negación y no ser bienvenido de este eneatipo. Cree que para ser perfecto tiene que evitar el conflicto y crear armonía. Se esfuerza por adaptarse a las personas y las situaciones que le rodean. Niega todavía más sus impulsos y deseos, reprimiendo el enfado y la frustración de forma inconsciente. Le cuesta gestionar la ira que siente por ser incapaz de aceptarse a sí mismo. Tiene más necesidad de libertad, especialmente para no chocar con otros y conseguir que nadie le moleste. Para profundizar más acerca del lado oscuro de esta ala es muy recomendable que interiorice la información relacionada con el ego del eneatipo 9.

Si tiene las dos alas sentirá las heridas de los eneatipos 2 y 9, estando influido por la sombra de ambos tipos de personalidad.

Instintos

Conservación. Cuando este instinto está más exaltado el ego tiende a poner el foco de atención en sí mismo, en sus imperfecciones. Se siente tan defectuoso que su motivación egocéntrica se centra en autoperfeccionarse de forma obsesiva para intentar ser mejor de cómo es. La ira se transforma en automachaque. Tiende a ser muy ordenado, escrupuloso y exigente con su forma de vivir. Y está muy preocupado —y es demasiado estricto— en cuestiones relacionadas con el ocio, el placer, la salud, la higiene y la dieta. Pasa por etapas en las que o satisface insaciablemente sus deseos con exceso o atraviesa periodos de ascetismo extremo durante los que reprime sus impulsos todo lo que puede.

Sexual. Cuando tiene este instinto más pronunciado el ego tiende a poner el foco de atención en sus relaciones íntimas. Y en caso de tenerlos, en su pareja y en sus hijos. Aspira a tener el compañero perfecto, el mejor matrimonio y la familia más ejemplar. La paradoja es que tiende a considerar a sus seres queridos defectuosos. De ahí que proyecte en ellos su ira, intentando perfeccionarlos para adecuarlos a la imagen idealizada dibujada en su cabeza por su juez interno. Mientras, tiene miedo de que aparezca alguien mejor y le arrebate sus relaciones más preciadas, a las que controla con vehemencia y celo. Tiende a reprimir sus impulsos carnales, debatiéndose entre la abstinencia y la voracidad sexual.

Social. Cuando este instinto domina su personalidad el ego tiende a poner el foco de atención en la sociedad y en el mundo. Todo le parece una «mierda». Canaliza su ira desvelando la corrupción del sistema, así como intentando reformar al resto de la humanidad. Se considera un modelo de perfección que seguir. Y actúa como el representante de los valores éticos que debería compartir el resto de la gente. Suele ir a contracorriente y ser un inadaptado que rechaza la interacción social, pues nadie está a la altura de sus estándares de integridad y perfección. Tiende a señalar la mediocridad y la inutilidad de las personas que lo rodean, consolidando el elevado autoconcepto que tiene de sí mismo.

Descentramiento

Cuando se empacha de su propio ego puede descentrarse al eneatipo 4, conectando con la sensación de rechazo e inferioridad. De pronto se compara y siente envidia, creyendo que los demás tienen algo que no ha podido conseguir a pesar de su estricta autoexigencia y afán de perfección. A su vez comienza a sentirse diferente e incomprendido, a rechazar la interacción social y a encerrarse en sí mismo. Ahogado por el drama y la melancolía, fantasea con la idea de escapar de su realidad, liberándose de sus obligaciones. Para profundizar más acerca del descentramiento —y también de su lado oscuro—, es muy recomendable que interiorice la información relacionada con el ego del eneatipo 4.

También puede descentrarse al eneatipo 7, conectando con la sensación de vacío e insatisfacción. En este caso el dolor que siente es tan insoportable que se vuelve más superficial e hiperactivo, montando planes placenteros con los que tapar su enfado, amargura y frustración. Y con la finalidad de evadirse de la excesiva presión a la que le somete su juez interno, suele caer en las garras de la adicción y la gula, recurriendo a los atracones de comida o al consumo de cualquier sustancia que alivie su malestar y sufrimiento. Para profundizar más acerca del descentramiento —y también de su lado oscuro—, es muy recomendable que interiorice la información relacionada con el ego del eneatipo 7.

Crisis existencial

Llega un momento en el que la esclavitud egoica le hace sentirse profundamente imperfecto, inferior e insatisfecho. Es entonces cuando su nivel de autoexigencia y automaltrato alcanza cotas de oscuridad desorbitadas. Abrasado por la ira, el resentimiento y la amargura está convencido de que todas las personas son «corruptas, inútiles y mediocres». Que el mundo es un «gran estercolero». Y que en definitiva todo es «imperfecto». Está tan enfadado consigo mismo y con la vida que todo lo que sucede le agrede y le perturba. En el caso de tocar fondo y despertar, finalmente se da cuenta de que lo único erróneo es su forma distorsionada de mirar y de interpretar la realidad. Esencialmente porque —cegado por el ego— está proyectando inconscientemente su sensación de imperfección sobre los demás y sobre la sociedad.

El proceso de transformación

CLAVES PARA LIBERARSE DEL EGO Y RECONECTAR CON EL SER ESENCIAL DEL ENEATIPO 1

Desafío psicológico

Al empezar su proceso de autoconocimiento es inevitable que se pregunte: «¿Cómo puedo mejorar y ser perfecto si me acepto tal como soy?». El error de fondo que plantea esta paradoja es que no se trata de ser mejor. Ni mucho menos de alcanzar la perfección. Esencialmente porque su verdadera esencia no es defectuosa ni tampoco insuficiente. Comprender que ahora mismo ya es perfecto tal como es —como sus defectos y mediocridades— es el primer paso hacia la transformación. El cambio de verdad surge de la aceptación.

Centramiento

Para reconectar con el ser es fundamental que se centre al eneatipo 7, entrando en contacto con las cualidades esenciales de este tipo de personalidad. Para lograrlo le conviene cultivar el silencio y la sobriedad, aprendiendo a sentir y canalizar el dolor de forma constructiva. Y también la flexibilidad, permitiéndose disfrutar del placer sin juzgarse por ello. A su vez es muy centrante que entrene el músculo de la valoración, dando gracias por lo que tiene en vez de quejarse por lo que le falta. Para profundizar más acerca de su centramiento —y también de su lado luminoso—, es muy recomendable que interiorice la información relacionada con el proceso de transformación y la esencia del eneatipo 7.

También puede centrarse al eneatipo 4, manifestando las virtudes más luminosas de este tipo de personalidad. En este caso le resulta muy positivo conocerse en profundidad, tomando consciencia de los traumas que le quedan por sanar. Esta introspección le sirve para aprender a estar en paz con su oscuridad, aceptándose a sí mismo. Y le hace mucho bien explorar su parte más creativa, la cual le ayuda a romper ciertos moldes rígidos sobre los que ha construido su vida. Para profundizar más acerca de su centramiento —y también de su lado luminoso—, es muy recomendable que interiorice la información relacionada con el proceso de transformación y la esencia del eneatipo 4.

Prácticas transformadoras

Abrazar las imperfecciones. Un ejercicio muy recomendable es hacer un listado de los principales errores que ha cometido a lo largo de su vida, así como de sus defectos egoicos más destacados. Ser consciente de todo ello le conecta un poco más con la humildad. Eso sí, en vez de machacarse, su mayor reto consiste en aceptarse tal como es, sin intentar cambiarse. Y esto pasa por perdonarse por las equivocaciones cometidas en el pasado, aprendiendo de ellas para crecer espiritualmente. También es fundamental que abrace de corazón sus taras e incoherencias internas. Para lograrlo no ha de tomarse tan en serio, riéndose más a menudo de sí mismo para poder soltar las exigencias de su ego. Así es como aprende a sentirse perfecto con sus imperfecciones.

Mantener una relación sana con el idealismo. Para dejar de sentirse tan enfadado, frustrado y amargado es esencial que redefina la función que tiene el idealismo en su vida. Y es que no se trata de abandonar sus ideales, sino de cambiar la forma en la que se relaciona con ellos. La finalidad de cualquier visión idealista no es hacerse realidad, sino servir de motivación e inspiración para avanzar con entusiasmo en una dirección determinada. Más que nada porque un ideal es —por definición— una aspiración utópica, muchas veces inalcanzable. Es muy importante que se dé cuenta de cuándo cae en el error de frustrarse por comparar lo que está ocurriendo con lo que debería de ocurrir. Luchar contra lo que sucede es una batalla que se pierde el 100 % de las veces.

Convertir la gratitud en un hábito. Su mirada egoica lo lleva siempre a ver lo que falta, lo que sobra y, en definitiva, lo que debería ser mejor o diferente a como es en un momento dado. Esta es la razón por la que suele quedar atrapado en las mazmorras de la queja y la amargura. Para transformar su percepción de la realidad se recomienda que lleve a cabo un diario de agradecimiento. Y éste consiste en anotar cada noche tres hechos que hayan pasado durante el día por los que sienta una genuina gratitud. Es esencial que mientras los escribe rememore la emoción positiva que deviene de forma natural cuando se valora y se da las gracias de corazón. Así es como poco a poco deja de dar por sentado lo que tiene y comienza a valorar todo lo que sí funciona en su vida.

Evitar la convivencia. Cuando está identificado con el ego se convierte en alguien muy difícil para convivir, pues tiende a maltratar psicológicamente a quienes le rodean. Algo que transforma sus relaciones es aprender a aislarse proactiva y preventivamente para proteger a los demás de su ira en potencia. En la medida en que se note descentrado es fundamental que evite el contacto directo con otras personas. Esencialmente porque el ego encontrará cualquier excusa para proyectar su malestar en forma de susceptibilidad, juicio o broncas. Además, este aislamiento voluntario le aporta mucha lucidez, pues al estar a solas toma más consciencia de lo insoportable que puede llegar a ser consigo mismo y con quienes tiene cerca cuando está descentrado.

Disfrutar del placer sin juzgarse. Guiado por su juez interno —el cual es excesivamente rígido y puritano— tiende a reprimir y condenar ciertos deseos e impulsos primarios relacionados con el disfrute y el placer. Por el contrario, se esfuerza en ser fiel a sus elevadas convicciones éticas y morales. Al intentar actuar de manera intachable cree que se liberará de ser juzgado por su entorno. Sin embargo, dicha represión y autoexigencia le generan un sentimiento crónico de resentimiento e irritación, los cuales arden bajo la superficie de un comportamiento inmaculado. Para romper este círculo vicioso es básico que se conceda ciertos caprichos de vez en cuando. Gracias a estas excepciones puede ser verdaderamente fiel a sus principios con madurez y flexibilidad.

Aprender a relajarse. Es imprescindible que dedique un rato cada día a simplemente ser y estar, conectando con su serenidad interior. Para ello necesita saber qué le ayuda a relajarse y estar en paz consigo mismo. Puede probar sentándose en un banco en un entorno natural y dedicar diez minutos a respirar conscientemente. También puede meditar. Darse un masaje. Practicar yoga. Pasear por la naturaleza. Echar una siesta... No importa lo que haga; lo importante es que dicha actividad le lleve a desidentificarse por unos momentos de la mente y el ego, reconectando con el ser esencial. En la medida en que aprende a relajarse se da cuenta de que todo el tiempo dedicado a parar, sentir y conectar es la mejor inversión de su vida.

Dejar en paz a los demás. Algo que transforma por completo su estado de ánimo es cultivar la compasión, entendiendo que todo el mundo —incluyendo él mismo— lo hace lo mejor que sabe en base a su nivel de consciencia y su grado de comprensión. Lo cierto es que juzgar a otros tan solo pone de manifiesto su propia ignorancia e inconsciencia, pues en realidad la crítica social es la herramienta que utiliza el ego para sentirse mejor, compensando así su constante sensación de imperfección. Es fundamental que respete y acepte puntos de vista diferentes a los suyos, aprendiendo a guardar silencio más a menudo. Que evite dar su opinión a menos que se la pidan con genuino interés. Y, en definitiva, que deje en paz a los demás, trascendiendo su afán reformador.

Amar el mundo. Por más que le cueste de entender, todo es perfecto porque está en su proceso hacia la perfección. Lo que sucede es exactamente lo que tiene que suceder para posibilitar los procesos de aprendizaje y evolución que rigen la existencia humana. De ahí la inutilidad de intentar cambiar las cosas. Practicar la aceptación incondicional es lo que le permite trascender el ego y reconectar con el ser esencial. Y es que no ha venido para cambiar el mundo, sino para aceptarlo y amarlo tal como es. Eso sí, la aceptación es un punto de partida. Al aceptar la realidad deja de perturbarse, de sufrir y de alimentar el ego. Solo entonces deviene su verdadera transformación, convirtiéndose en el cambio que quiere ver en la sociedad e inspirando a otros a través de su ejemplo.

Afirmaciones eneagrámicas

Para reprogramar la mente y limpiar su subconsciente, es necesario que se repita las siguientes afirmaciones hasta que se conviertan en su nueva realidad:

- Me siento perfecto tal como soy.
- Sé que todo está bien.
- Me trato con amor y respeto.
- Vivo de forma tranquila y relajada.
- Se me da bien guardar silencio.
- Respeto las opiniones de los demás.
- Me merezco descansar y relajarme.
- Aprovecho mis errores para aprender.
- Me acepto y me amo tal como soy.
- Ahora mismo me siento sereno y en paz.

Anatomía del ser esencial

CÓMO SE MANIFIESTA EL ENEATIPO 1 CUANDO ESTÁ CONECTADO CON SU VERDADERA ESENCIA

Características arquetípicas del ser

Aceptador. Apasionado. Autocrítico. Coherente. Compasivo. Comprometido. Convincente. Detallista. Discernidor. Disciplinado. Eficiente. Elocuente. Estructurado. Ético. Excelente. Flexible. Honrado. Inspirador. Íntegro. Meticuloso. Metódico. Minucioso. Motivado. Ordenado. Organizado. Responsable. Sensato. Sereno. Tolerante. Visionario.

Reconexión con la esencia

Cuando reconecta con su verdadera esencia experimenta nuevamente lo que sentía mientras estaba en el estado intrauterino: serenidad total, aceptación incondicional, integridad completa y perfección absoluta.

Percepción neutra

Al liberarse del ego y desidentificarse de la mente adquiere una visión esencial, neutra y sabia de la realidad, la cual le posibilita verse a sí mismo como lo que verdaderamente es: un ser inherentemente perfecto. Y es que en todo momento está siendo y haciendo lo que tiene que ser y hacer para aprender, crecer y evolucionar espiritualmente. Al dejar de existir un ideal de perfección moral que conseguir, deja de comparar lo que es con lo que debería de ser. Solo entonces comprende que todo es como tiene que ser. Y que es absolutamente imposible que sea de otra manera. Así es como interioriza que todo es perfecto.

Motivación trascendente

Su principal motivación es inspirar a través del ejemplo. Ya no quiere cambiar nada ni a nadie, ni siquiera a sí mismo. Por el contrario, acepta la realidad tal como se va manifestando, sin juzgar, reaccionar ni oponer resistencia. Y desde esta aceptación incondicional siente cómo la vida crea y manifiesta a través suyo lo que necesita ser creado y manifestado para favorecer el aprendizaje, el crecimiento y la evolución espiritual de las personas que le rodean. En este sentido, su capacidad de inspirar y motivar a los demás es verdaderamente prodigiosa.

Cualidades esenciales

Aceptación. No se esfuerza neuróticamente por cambiar ni ser mejor, sino que se acepta a sí mismo tal como es, abrazando sus defectos, incoherencias y mediocridades. También acepta de forma natural todo lo que va aconteciendo, incluyendo su propia actitud sobre lo que va aconteciendo.

Autocrítico. Cada vez que se equivoca, se perturba o entra en conflicto con alguien o con algo no duda en cuestionarse a sí mismo y hacer un ejercicio de sana autocrítica. Le es fácil asumir su parte de responsabilidad, aprendiendo de sus errores para crecer en comprensión y sabiduría.

Compasión. Cambia el juicio por la compasión, entendiendo el dolor, el sufrimiento, la ignorancia, la inconsciencia y el miedo que suele haber detrás del comportamiento egoico de otras personas. Así es como trasciende la susceptibilidad, dejando de tomarse las ofensas como algo personal.

Detallista. Busca la excelencia en todo lo que hace, pero no desde la exigencia y el perfeccionismo neurótico, sino desde la pasión, el disfrute y la diversión. Suele ser muy minucioso y meticuloso, prestando mucha atención a los detalles para realizar un trabajo verdaderamente excepcional.

Disciplina. Es muy disciplinado y responsable. Mantiene rutinas productivas que le permiten lograr sus objetivos. Suele estar muy comprometido con una causa en la que cree y tiene la determinación para conseguir aquello que se propone. Eso sí, sabe parar a tiempo para descansar, relajarse y divertirse.

Elocuencia. Puede ser muy buen conferenciante, profesor y orador, pues tiene facilidad para comunicar con maestría la verdad y la sabiduría inherente a sus puntos de vista. Cree firmemente en lo que dice y tiende a expresar sus argumentos de forma elocuente y convincente, pero sin caer en el dogmatismo.

Inspiración. Inspira a través de su propio ejemplo, siendo fiel a sus convicciones, sus valores y sus principios, pero sin tratar de imponerlos sobre los demás. Y tiene la habilidad de inspirar y motivar a otros a seguir aspiraciones más elevadas, convirtiéndose en un instrumento de la voluntad divina.

Integridad. Tiende a hacer lo correcto aunque nadie esté mirando, habiendo coherencia entre lo que piensa, lo que siente y lo que hace. Es una persona honrada que lleva a cabo sus proyectos de forma ética. La integridad es la brújula interior que guía sus decisiones y sus actos.

Organización. Es muy estructurado, con una especial habilidad para organizar su vida personal y liderar la organización de cualquier actividad. Se le suele dar muy bien crear sistemas, procesos, procedimientos y protocolos. Le gusta el orden pero sin convertirlo en una obsesión. Es *efeliciente*: feliz y eficiente.

Tolerancia. Goza de flexibilidad para aceptar formas diferentes de pensar a la suya y de tolerancia para respetar maneras de proceder distintas a las que él escogería. Tiende a ser comprensivo con los demás, especialmente con aquellos que hacen autocrítica y asumen sus errores.

Visión. No juzga subjetivamente la realidad, sino que sabe discernirla con objetividad. Es muy sensato, goza de criterio propio y cuenta con mucho sentido común. Tiende a ser un visionario: ve cosas que la mayoría no es capaz de ver, pues no solo ve lo que hay, sino lo que puede llegar a haber.

Resultados satisfactorios

Motivación. Tiene la capacidad de automotivarse con diferentes actividades y proyectos, los cuales desempeña con muchas ganas y energía. Y gracias a su visión y discernimiento suele descubrir un propósito trascendente al que dedicar su vida. Su motivación es tan genuina que muchos deciden seguirle allá donde va.

Pasión. Al gozar de fuertes convicciones, tiende a vivir la vida apasionadamente. Cree profundamente en lo que hace y da siempre lo mejor de sí mismo. Nunca deja de cuestionarse, aprender y crecer. Por eso se siente tan vivo. Y cuando le preguntan, comparte sus puntos de vista con una pasión contagiosa.

Serenidad. Cuando se calma y reconecta con el ser siente un agradable y placentero sosiego interior. Y al sentirse relajado, siente que todo está bien y que no necesita cambiar nada. La aceptación le reconecta con la serenidad. Y esta le permite aceptar las cosas tal como son.

Alas

Puede estar influido por el ala 2, mostrándose más cercano, empático y amoroso. Tiende a buscar la manera de impactar positivamente en los demás, conectando con una vocación que le permita contribuir socialmente. Es muy generoso y altruista. Da porque le encanta dar, sin esperar nada a cambio. Necesita estar solo para recargarse, listo para seguir sirviendo y entregándose a quienes le rodean. Se muestra genuinamente humilde, pues sabe que sus dones vienen de serie y que la vida crea a través suyo cuando vive conectado. Para profundizar más acerca del lado luminoso de esta ala es muy recomendable que interiorice la información relacionada con el ser esencial del eneatipo 2.

También puede estar influido por el ala 9, mostrándose más consciente, pacífico y paciente. Le es mucho más fácil fluir con lo que sucede, adaptándose a las situaciones con naturalidad. Tiende a ser más reservado y a pasar más desapercibido. Se relaciona con mucha templanza, expresando sus puntos de vista con diplomacia y gestionando los conflictos con asertividad. Suele irradiar una energía armoniosa y respetuosa. Se siente muy en paz consigo mismo. Y le encanta disfrutar de la libertad y de la tranquilidad. Para profundizar más acerca del lado luminoso de esta ala es muy recomendable que interiorice la información relacionada con el ser esencial del eneatipo 9.

En caso de tener las dos alas, contará con ciertas cualidades esenciales de los eneatipos 2 y 9, estando influido por la luz de ambos tipos de personalidad.

Niveles de desarrollo

Pongamos que alguien comete un error que le causa un considerable perjuicio. Si interpreta esta situación desde un nivel de desarrollo insano tenderá a perturbarse y a llenarse de ira. Seguidamente le pegará una bronca, sermoneando a dicha persona con vehemencia y severidad. En el caso de percibir lo que ha pasado desde un nivel de desarrollo medio tenderá a enfadarse y a reprimir su enfado, soltando algún juicio de forma encubierta y disimulada. Y si se relaciona con dicho acontecimiento desde un nivel de desarrollo sano aceptará dicho error con serenidad, tratando de extraer un aprendizaje valioso para que no vuelva a suceder.

XI

ENEATIPO 2: SOMOS AMOR

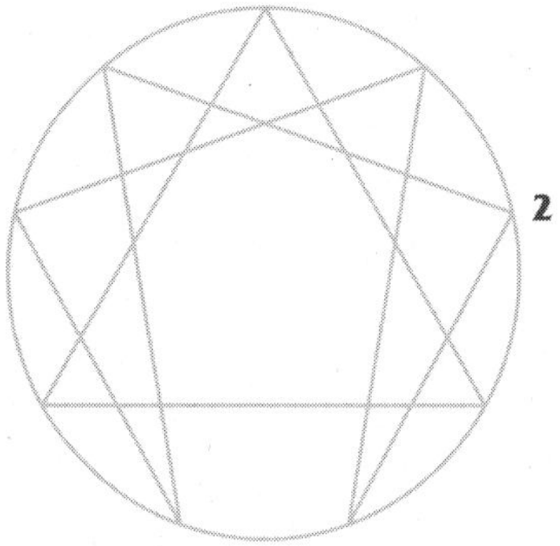

Cuando está identificado con el ego el eneatipo 2 se siente abandonado y falto de amor. Y actúa como un buen samaritano para obtener afecto intentando ser imprescindible en la vida de sus seres queridos. Es alguien muy orgulloso, dependiente y adulador. Pretende que los demás le hagan feliz. Y al no conseguirlo se victimiza y se llena de tristeza. Su aprendizaje pasa por transformar la soberbia en humildad, atendiendo primero sus necesidades emocionales. Y esto pasa por aprender a estar solo, cultivar el amor propio y dejar de entrometerse en vidas ajenas. Al reconectar con el ser esencial se convierte en una persona generosa y empática y servicial que da mucho sin esperar nada a cambio. Y como resultado recibe mucho más de lo que pudiera imaginar.

Radiografía del ego

CÓMO SE MANIFIESTA EL ENEATIPO 2 CUANDO ESTÁ CONDICIONADO POR SU LADO OSCURO

Características arquetípicas del ego

Agradador. Adulador. Altivo. Apegado. Caprichoso. Celoso. Chantajista. Codependiente. Complaciente. Demandante. Desamparado. Egoísta. Engreído. Entrometido. Histérico. Infantil. Manipulador. Mártir. Necesitado. Orgulloso. Paternalista. Posesivo. Salvador. Seductor. Soberbio. Sobreprotector. Superior. Triste. Victimista. Zalamero.

Herida de nacimiento

La separación y desconexión del ser esencial provoca que en lo más profundo sienta que es indigno de afecto y cariño. Y como consecuencia le invade una sensación de abandono y falta de amor. Es entonces cuando siente que es incapaz de valerse emocionalmente por sí mismo y que la soledad es el peor infierno que puede experimentar en la vida.

Percepción neurótica

Su visión egoica, subjetiva y distorsionada de la realidad le hace estar convencido de que carece de amor. Cree que quererse es un acto «egoísta». Y que no es posible ser feliz estando solo, pues la felicidad procede de las relaciones. A su vez piensa que para ser amado tiene que ser buena persona y realizar buenas acciones. Y que el amor es un premio que se obtiene a cambio de prestar ciertos favores a los demás. Y asume que —como contraprestación por todo lo que da— quien le ame de verdad ha de satisfacer sus necesidades y sus caprichos sin tener que pedírselo.

Motivación egocéntrica

Su principal deseo es ser amado. Esta es la razón por la que estratégicamente vive por y para los demás, tratando de ser un buen samaritano que siempre ayuda a todos en todo. También se esfuerza por ser alguien importante e imprescindible en la vida de quienes le rodean, haciendo todo lo posible para crear relaciones de codependencia. Sin embargo, nunca se siente del todo querido, pues no hay cariño capaz de llenar el vacío generado por su falta de amor propio.

Defectos egoicos

Adulación. Es un agradador nato que adula y halaga a los demás como medio para caer bien y recibir el mismo trato. Cual zalamero, tiende a demostrar cariño de forma exagerada —e incluso empalagosa— para conquistar a la persona que tiene delante, especialmente si desea obtener afecto o amor a cambio.

Atosigamiento. Suele entrometerse en exceso en los asuntos de quienes le rodean, creyendo que sabe mejor ellos lo que necesitan en cada momento. Paradójicamente, trata de remediar en los demás el dolor y el sufrimiento que no es capaz de reconocer y de sanar en sí mismo. Puede llegar a ser muy pesado.

Buenismo. Cree que lo más importante en la vida es ser «buena persona» y «hacer el bien al prójimo». Estas creencias lo convierten en un ayudador compulsivo, ofreciéndose forzadamente a los demás, dando consejos sin que se los pidan y posicionándose por encima de aquellos a quienes supuestamente ayuda.

Complacencia. Tiende a complacer a sus seres queridos, mostrándose lo más agradable y bondadoso posible. Se trata de una sutil estrategia para lograr que se sientan en deuda con él. Del mismo modo que da sin que se lo pidan, espera que a su debido tiempo le den lo que necesita sin tener que pedirlo.

Egoísmo. Aparenta ser muy generoso y parece que da sin desear ninguna recompensa. Pero se trata de una generosidad egocéntrica, la cual suele venir con letra pequeña. Detrás de su fachada de altruista se esconde un enorme egoísmo insano e inconsciente, cargado de necesidades, deseos y expectativas.

Infantilismo. No entiende cómo siendo tan entregado y generoso no consigue todo lo que quiere y necesita. Es entonces cuando sale a relucir su lado más pueril. Cual niño caprichoso considera que se merece obtener lo que desea. Y que de alguna manera goza de más derechos y privilegios que los demás.

Manipulación. Cegado por su enfermiza necesidad de amor, tiende a seducir, manipular y utilizar a las personas que lo rodean para satisfacer sus necesidades emocionales sin que estos se den cuenta. Dice hacer todo lo que hace por y para los demás, cuando en realidad lo hace únicamente por y para sí mismo.

Orgullo. Su gigantesco orgullo le impide pedir ayuda cuando la necesita. No soporta sentir que molesta. Le cuesta mucho reconocer que se ha equivocado. Frente a cualquier desencuentro que pueda tener con otra persona, tiende a hacer ver que nada ha pasado, escondiendo dicho conflicto debajo de la alfombra.

Paternalismo. Tiende a ejercer el rol de padre (o de madre) con su entorno social, sobreprotegiendo a quienes más quiere y necesita. En ocasiones parece una ONG ambulante, atrayendo a su vida a personas dependientes, necesitadas y desvalidas. Se siente responsable de salvar a quienes cree que están perdidos.

Soberbia. Padece de un complejo de superioridad, el cual le lleva ser muy soberbio y engreído. Tiene una imagen muy inflada e hinchada de sí mismo, dándose una excesiva autoimportancia. Siente que es imprescindible en la vida de los demás y está convencido de que sus seres queridos no podrían vivir sin él.

Victimismo. Cuando no obtiene el cariño esperado puede ser extremadamente demandante. Y tiende a echar en cara los favores y servicios prestados. También suele ir de víctima —e incluso de mártir—, utilizando el chantaje emocional para dar lástima y conseguir el amor que cree que se le está negando.

Resultados insatisfactorios

Apego. Al creer que necesita de los demás para ser feliz, sus vínculos afectivos están envenenados por el virus del apego. Su dependencia emocional hace imposible que fluya el verdadero amor, pues termina por perderse en las personas que necesita. Siente mucha ansiedad por miedo a perder a sus seres queridos.

Celos. Tiende a sentir celos por personas allegadas que considera que están recibiendo más atención, cariño o amor que él. Y suele ser muy posesivo con aquellos a los que quiere, pues inconscientemente cree que le pertenecen. De ahí que intente mantenerlos cerca para poder controlarlos.

Desamparo. No importa si tiene padres o el tipo de relación que mantiene con su familia y sus amigos; en lo más profundo de sí mismo se siente completamente abandonado y desamparado, como si fuera un huérfano emocional. Siente que no cuenta con la ayuda y el acompañamiento necesarios para poder ser feliz.

Histeria. Después de algún tiempo reprimiendo sus necesidades emocionales, cuando pierde los papeles puede padecer ataques de histeria. Por medio de estas pataletas infantiles pretende hacer sentir egoísta a quien le está montando el numerito, principalmente por sentir que no le está reciprocando su amor.

Soledad. Al estar tan desconectado del ser esencial no sabe ni quiere ni soporta estar a solas. Y cuando no le queda más remedio que pasar tiempo solo siente pena y lástima de sí mismo. El miedo a la soledad es lo que verdaderamente le mueve a mantener una vida social tan abundante y activa.

Tristeza. Por más que intente aparentar que goza de muy buenas relaciones, le acompaña un permanente sentimiento de tristeza: una especie de agujero negro emocional al que ni siquiera se atreve a mirar. Sin embargo, esta falta de autoconocimiento y de autoestima le impiden saber quién es y qué necesita.

Trastorno de personalidad

La excesiva identificación con el ego puede llevarlo a padecer el trastorno de codependencia. Y este se caracteriza por desvivirse por personas o causas externas, olvidándose de sus necesidades. Y llega a tal punto su adicción que le es imposible soltar dichos apegos, sin importar cuán enfermizos o tóxicos sean.

Ego espiritual

Al entrar en el ámbito del desarrollo personal tiende a alcanzar un punto en el que su orgullo espiritual le hace creer que ya no tiene nada más que aprender, creyendo haber logrado el nivel más alto de consciencia. Movido por este tipo de soberbia más sofisticada, suele sentirse superior espiritualmente. De ahí que comience nuevamente a entrometerse en la vida de quienes le rodean. Solo que esta vez para ayudarlos en su proceso de transformación, dándoles consejos para vivir menos identificados con el ego. También siente lástima por quienes están dormidos y siguen luchando contra sí mismos. Al centrarse en el desarrollo espiritual ajeno se olvida del suyo propio.

Tríada

Forma parte de la tríada del sentimiento. Su manera de conquistar la aprobación de la gente es cultivando la imagen de buena persona. Su principal interés consiste en ocupar un rol importante en su círculo familiar y social, desempeñando el papel de ayudador, consejero y salvador. Al no amarse a sí mismo carece de autoestima, convirtiéndose en una persona aduladora, triste y codependiente. Su emocionalidad se manifiesta descuidando sus propias necesidades, desviviéndose por las personas de su entorno para ser querido y necesitado.

Alas

Puede estar influido por el ala 1, sintiendo también la sensación de insuficiencia e imperfección de este eneatipo. Cree que para ser amado tiene que ser un ejemplo de sacrificio y bondad. Se exige mucho para alcanzar su ideal de perfección moral. Tiende a ser más arrogante y dogmático. Suele juzgar a quienes actúan y piensan de forma diferente a la suya. Y también se enfada con facilidad, mostrándose más rígido con las personas a las que intenta ayudar. A su vez le cuesta mucho aceptar las cosas tal como son. Para profundizar más acerca del lado oscuro de esta ala es muy recomendable que interiorice la información relacionada con el ego del eneatipo 1.

También puede estar influido por el ala 3, sintiendo la sensación de menosprecio e infravaloración de este eneatipo. Cree que para ser amado tiene que sobresalir por encima de los demás. Suele dedicar más tiempo y energía a su dimensión profesional y económica. Es mucho más falso e hipócrita, aparentando llevar una vida exitosa para tapar el vacío que siente por vivir tan desconectado de sus necesidades y emociones. Suele ser un trepador social en busca de estatus, prestigio y reconocimiento. Y su mayor miedo es el fracaso social. Para profundizar más acerca del lado oscuro de esta ala es muy recomendable que interiorice la información relacionada con el ego del eneatipo 3.

Si tiene las dos alas sentirá las heridas de los eneatipos 1 y 3, estando influido por la sombra de ambos tipos de personalidad.

Instintos

Conservación. Cuando este instinto está más exaltado el ego tiende a poner el foco de atención en sí mismo, creyendo que goza de más derechos y privilegios que el resto. Y frente a cualquier conflicto de intereses su soberbia le lleva siempre a barrer para casa, tratando de conseguir aquello que cree que se merece. En caso de no salirse con la suya tiene pataletas propias de un crío. Y no se detiene hasta obtener lo que desea, pues él siempre va primero. De alguna manera sigue comportándose como un niño mimado y malcriado que no quiere perder los privilegios de la infancia. Esta es la razón por la que es tan demandante, buscando a alguien que se haga cargo de su vida y resuelva todos sus problemas.

Sexual. Cuando tiene este instinto más pronunciado el ego tiende a poner el foco de atención en sus relaciones íntimas. Y en caso de tenerlos, en su pareja y en sus hijos. Su principal necesidad es ser deseado. Y su mayor deseo es encontrar a alguien que le complete, le ame y le haga feliz. Su forma de manipular a los demás es a través del erotismo y la conquista, prestando una excesiva atención al otro. Tiende a dar sexo a cambio de amor. Y a ser un seductor nato. Al emparejarse, suele ser muy absorbente, celoso e invasivo, estableciendo una relación de codependencia. Y su soberbia le lleva a utilizar sus encantos para poseer al otro, alimentando su necesidad neurótica de ser y de sentirse importante.

Social. Cuando este instinto domina su personalidad el ego tiende a poner el foco de atención en la sociedad y en el mundo. Lo que más le importa es tener contactos influyentes para llegar a ser alguien importante dentro de la pirámide social. Especialmente para poder beneficiarse de los derechos, privilegios y ventajas que dicho estatus conlleva. Cuenta con una enorme pero selectiva red social y suele emplear el *name dropping*. Es decir, la práctica de soltar nombres de personas conocidas mientras interactúa con los demás. Su soberbia le lleva a mostrarse todavía más altivo, creyéndose que forma parte de una élite exclusiva y tratando como súbditos a quienes están fuera de ella.

Descentramiento

Cuando se empacha de su propio ego puede descentrarse al eneatipo 8, conectando con la sensación de vulnerabilidad e indefensión. Al no ver sus necesidades satisfechas conecta con la rabia, convirtiéndose en un monstruo irreconocible que emplea la agresividad para saldar cuentas. A su vez se vuelve mucho más dominante y controlador, tratando de imponer su voluntad por la fuerza. También se siente culpable por el daño que ha hecho a otros, sintiendo que no merece ser amado por ellos. Para profundizar más acerca del descentramiento —y también de su lado oscuro—, es muy recomendable que interiorice la información relacionada con el ego del eneatipo 8.

También puede descentrarse al eneatipo 4, conectando con la sensación de rechazo e inferioridad. En este caso se vuelve más egocéntrico, montando todo tipo de dramas para llamar la atención y obtener lo que quiere de los demás. También tiende a volverse adicto a la melancolía, compadeciéndose de sí mismo con la esperanza de recibir algo de cariño. Y al sentir que le falta algo esencial para poder ser feliz se compara con la gente que le rodea, sintiendo envidia por quienes tienen lo que él anhela. Para profundizar más acerca del descentramiento —y también de su lado oscuro—, es muy recomendable que interiorice la información relacionada con el ego del eneatipo 4.

Crisis existencial

Llega un momento en el que la esclavitud egoica le hace sentirse profundamente abandonado, indefenso e inferior. Es entonces cuando su nivel de orgullo y codependencia alcanza cotas de oscuridad desorbitadas. Destruido por el apego, la tristeza y la soledad está convencido de que todas las personas son «egoístas, van a la suya y no se merecen nada». Que el mundo es un lugar «solitario y desamparado». Y que en definitiva «no existe el amor». Al sentir que no puede contar con nadie se siente muy triste y solo. En el caso de tocar fondo y despertar, finalmente se da cuenta de que no sufre por las relaciones que cree que ha perdido, sino por haberse perdido a sí mismo en los demás. Esencialmente porque —cegado por el ego— se ha olvidado de atender sus necesidades y de cultivar el amor propio.

El proceso de transformación

CLAVES PARA LIBERARSE DEL EGO Y RECONECTAR CON EL SER ESENCIAL DEL ENEATIPO 2

Desafío psicológico

Al empezar su proceso de autoconocimiento es inevitable que se pregunte: «¿Cómo me van a querer si soy egoísta y me priorizo a mí mismo?» El error de fondo que plantea esta paradoja es que no se trata de que le quieran, sino de aprender a amar. Y esto pasa irremediablemente por redefinir lo que entiende por egoísmo, dándose cuenta de que lo que supuestamente hace por los demás en realidad lo hace porque le reporta algún beneficio. Solo así puede empezar a sanar su autoestima, dedicando tiempo a amarse sin sentirse culpable.

Centramiento

Para reconectar con el ser es fundamental que se centre al eneatipo 4, entrando en contacto con las cualidades esenciales de este tipo de personalidad. Para lograrlo le conviene interesarse por el autoconocimiento, entendiendo cuál es la raíz de su tristeza. También le sirve para ser consciente de traumas y puntos ciegos que desconocía. A su vez es muy centrante que descubra un *hobby* creativo que —a modo de arteterapia— le ayude a sanar su maltrecha autoestima. Para profundizar más acerca de su centramiento —y también de su lado luminoso—, es muy recomendable que interiorice la información relacionada con el proceso de transformación y la esencia del eneatipo 4.

También puede centrarse al eneatipo 8, manifestando las virtudes más luminosas de este tipo de personalidad. En este caso le resulta muy positivo compartir cariño y ternura con sus seres queridos de una manera más inocente y vulnerable. Le hace mucho bien perdonarse por los errores cometidos en el pasado, liberándose de la culpa. Y perdonar de corazón a quienes otrora pensaba que le había hecho daño, soltando el rencor. Así es como descubre que es más fuerte de lo que creía. Para profundizar más acerca de su centramiento —y también de su lado luminoso—, es muy recomendable que interiorice la información relacionada con el proceso de transformación y la esencia del eneatipo 8.

Prácticas transformadoras

Aprender a estar solo. Su gran problema es que cuando no está rodeado de gente enseguida se siente solo. Sin embargo, la soledad no se cura con la compañía de otras personas, sino aprendiendo a acompañarse a sí mismo. Su proceso de sanación pasa por buscar voluntaria y proactivamente espacios y momentos para estar a solas. Y por comprender que la única relación verdaderamente auténtica, profunda y duradera que es la que mantiene consigo mismo, pues el resto de las relaciones son un juego de espejos y proyecciones. Al principio sentirá una tristeza insoportable, la cual es fruto de haberse abandonado a sí mismo —a su niño interior— durante toda su vida. Eso sí, tarde o temprano llegará un día en que la solitud se convertirá en su templo, su refugio y su paraíso.

Cultivar el amor propio. Su mayor aprendizaje consiste en amarse a sí mismo incondicionalmente, como nadie nunca va a ser capaz de amarlo. Y esto pasa por entender que él es el verdadero amor de su vida. Parte de la energía que antes dedicaba a conseguir ser querido por los demás, la ha de emplear en cultivar el amor propio. Es decir, en descubrir qué es lo que genuinamente quiere y necesita para ser feliz por sí mismo. También en atender sus propias necesidades emocionales, haciendo actividades que le hagan sentir bien y rodeándose de personas con las que realmente disfruta. Un indicador irrefutable de que ha sanado su autoestima y de que ha conquistado su independencia emocional es que se ha convertido en su mejor amigo.

Descubrir algún *hobby*. Al haber estado tan desconectado de sí mismo, en general no tiene ni idea de lo que le gusta ni de lo que le interesa. De ahí que no sepa muy bien a qué dedicar su tiempo libre cuando está solo. Es fundamental que descubra algún *hobby* o pasatiempo —a poder ser creativo— que pueda practicar solo, sin necesidad de interactuar con otras personas. Puede ser leer. Escribir. Pintar. Coser. Ir a exposiciones. Visitar museos. Pasear. Hacer senderismo. Practicar el arteterapia. Viajar... Sea lo que fuera, tiene que ser algo que le motive, le apasione, le enriquezca, le haga sentir bien y le llene. Si todavía no lo ha encontrado, su nuevo *hobby* consiste en buscarlo hasta que descubrirlo. Este pequeño descubrimiento tiene un gran efecto en su vida.

Amar conscientemente. Al estar tan centrado en que le quieran, desconoce lo que es el verdadero amor. Y es que aunque parezcan lo mismo, existe una enorme diferencia entre querer y amar. Querer es un acto egocéntrico: viene de fuera hacia dentro, pues consiste en desear y conseguir algo externo para obtener un beneficio propio. Nace de un vacío, de una carencia no resuelta. En cambio, amar es un acto trascendente y altruista: viene de dentro hacia fuera, pues tiene que ver con dar, entregar o aportar algo beneficioso para otros. Surge de una sensación de felicidad y de plenitud internas. La paradoja del amor consciente es que beneficia más al que ama que al que es amado. Esencialmente porque el acto de amar es en sí mismo sanador, liberador y transformador.

Dejar de ayudar. Es básico que deje de ayudar compulsivamente a las personas que forman parte de su entorno social, familiar y profesional. Antes de hacer algún favor o de brindar sus servicios nuevamente a alguien, ha de cuestionar las motivaciones ocultas que suelen esconderse detrás de dichos ofrecimientos. Basta con preguntarse por qué quiere hacerlo y qué espera conseguir a cambio. Y recordarse que normalmente nadie le ha pedido nada, sino que es él mismo quien tiende a ofrecerse. Al erradicar de raíz esta generosidad egocéntrica se ahorra muchos disgustos en el futuro por no ser correspondido con un trato similar. Solo ha de ayudar a alguien cuando esta ayuda sea un fin en sí mismo que nace del corazón. Y no un medio para conseguir cariño, afecto o amor.

Pedir ayuda. Su orgullo y soberbia le impiden reconocer sus necesidades. De alguna manera está esperando que los demás actúen como él ha venido actuando, ofreciéndose a ayudarlo sin tener que solicitárselo. Pero dado que este tipo de expectativas no suelen cumplirse, tiende a sentirse decepcionado, sintiendo que los demás son personas egoístas que solo piensan en sí mismas. Para romper este patrón egoico no le queda más remedio que hacer lo que menos le gusta: pedir ayuda. Principalmente porque no le gusta molestar a quienes le rodean. Sin embargo, del mismo modo que le causa cierta satisfacción ser útil para otros, es importante darles la oportunidad para que puedan reciprocarle. Muchos de ellos lo harán encantados.

Halagar genuinamente. A la hora de relacionarse es imprescindible que esté muy atento cuando su parte agradadora intenta manipular a su interlocutor por medio falsas alabanzas. Y es que cuanto mayor es su afán por gustar a los demás, más tiende a generar el efecto contrario. En estos casos, el mayor desafío que se le plantea es evitar hacer cumplidos si no son genuinos. Más que nada porque si no se convierten en una estrategia egoica para ser obsequiado con el mismo tipo de halagos. Y en el caso de que estos piropos forzados no le sean devueltos tiende a sentirse ofendido. Irónicamente, cuando alguien le expresa dicha alabanza, tampoco le da ningún valor, pues él mismo sabe lo poco que en realidad valen este tipo de apreciaciones vacías.

Dejar de entrometerse en vidas ajenas. Debido a su exceso de paternalismo tiende a inmiscuirse en los problemas ajenos teniendo a un grupo de personas totalmente dependientes de su ayuda. En algunos casos estos vínculos son nocivos para ambas partes. No hay nada de positivo en convertirse en la muleta emocional de alguien que puede valerse por sí mismo, pues se le está privando de su propia autonomía. Es muy recomendable que aprenda a liberar y liberarse de dichas relaciones de mutua dependencia tóxica. Y para lograrlo ha de aprender a decir «no» y a limitar su ayuda. Quienes lo amen de verdad no se ofenderán, pues lo aman por quién es y no por lo que da. En cambio, quienes se ofendan al ser privados de dichos servicios se retractarán.

Afirmaciones eneagrámicas

Para reprogramar la mente y limpiar su subconsciente, es necesario que se repita las siguientes afirmaciones hasta que se conviertan en su nueva realidad:

- Soy feliz por mí mismo.
- Estoy lleno de amor.
- Atiendo mis necesidades emocionales.
- Mi bienestar solo depende de mí.
- Soy independiente emocionalmente.
- Me gusta estar solo conmigo mismo.
- Respeto los procesos de los demás.
- Disfruto mucho de mi compañía.
- Me amo incondicionalmente.
- Me siento muy querido por los demás.

Anatomía del ser esencial

CÓMO SE MANIFIESTA EL ENEATIPO 2 CUANDO ESTÁ CONECTADO CON SU VERDADERA ESENCIA

Características arquetípicas del ser

Acogedor. Altruista. Amable. Amigable. Amoroso. Autónomo. Autosuficiente. Atento. Atractivo. Bondadoso. Cariñoso. Cercano. Considerado. Cortés. Cuidador. Desinteresado. Desprendido. Empático. Entregado. Filántropo. Generoso. Humanitario. Humilde. Independiente. Libre. Modesto. Servicial. Solidario. Respetuoso. Útil.

Reconexión con la esencia

Cuando reconecta con su verdadera esencia experimenta nuevamente lo que sentía mientras estaba en el estado intrauterino: humildad total, amor incondicional, acogimiento completo y libertad absoluta.

Percepción neutra

Al liberarse del ego y desidentificarse de la mente adquiere una visión esencial, neutra y sabia de la realidad, la cual le posibilita verse a sí mismo como lo que verdaderamente es: un ser inherentemente hecho y lleno de amor. Y que es imposible que esté solo, pues más allá de las formas superficiales aparentemente separadas, en el fondo está intrínsecamente unido y conectado con todo y con todos. También entiende que en cada preciso instante tiene exactamente lo que necesita para satisfacer sus necesidades emocionales y ser feliz por sí mismo. Así es como interioriza que no tiene que buscar el amor, pues él mismo es amor.

Motivación trascendente

Su principal motivación es amar a los demás, ser útil y contribuir positivamente en el mundo. Al sentirse feliz y acompañado por sí mismo ya no necesita ni espera nada de nadie. Por el contrario, tiene mucho que ofrecer. Dar se convierte en un fin en sí mismo, dejando sus deseos egoicos a un lado para ponerse al servicio de la persona o la situación que tiene delante. Y al dar(se) desde un lugar sano, recibe mucho más de lo que podría imaginar, comprendiendo que de esta vida se recoge lo que se siembra y se lleva lo que se ha entregado.

Cualidades esenciales

Altruismo. Vive desprendido de su ego. Sus decisiones y acciones no están movidas por su propio interés, sino que son verdaderamente altruistas y desinteresadas. Todo lo que hace con su vida es inherentemente bueno para los demás. Y también es bueno para sí mismo. En caso de no ser así, no lo hace.

Amabilidad. Es muy atento, agradable y cordial en el trato, haciendo sentir bien a cada persona con la que interactúa. Se relaciona con todo el mundo con la misma consideración y amigabilidad, sin importar el estatus social que ocupe. Su amabilidad y cortesía son tan genuinas que no pasan inadvertidas.

Atracción. Desprende un atractivo irresistible, el cual lo convierte en un imán social, provocando que la gente quiera estar a su lado y pasar tiempo con él. Su presencia bondadosa genera que los demás se sientan muy bien consigo mismos cuando están cerca suyo. Sabe cómo llegar al corazón de cualquier persona.

Compersión. En vez de sentir celos siente compersión. Se trata de un estado empático de bienestar que experimenta cuando alguien al que ama vive algún momento de complicidad o de disfrute con otra persona que no es él. Le produce felicidad ver a sus seres queridos felices, aun cuando lo sean con otros.

Empatía. Tiene mucha facilidad para salir de sí mismo y ponerse en los zapatos de la persona que tiene delante, intuyendo qué está pensando y sintiendo en un momento dado. Y seguidamente, decir o hacer exactamente lo que el otro necesita para sentirse amado por quien verdaderamente es.

Filantropía. Es una persona completamente entregada a los demás y a la humanidad. Tiene un espíritu solidario y filántropo. Y cual benefactor, dedica su vida a realizar una contribución significativa que deje un impacto y un legado en la sociedad. Y no para su propia vanagloria, sino por aportar su granito de arena.

Generosidad. Se siente tan feliz y está tan lleno de amor que no puede evitar compartir con otras personas todo lo bueno que hay en su corazón. Su enorme generosidad es la raíz de su abundancia. Cuanto más da genuinamente, más recibe. Y cuanto más recibe, más da, entrando en un círculo virtuoso sin límite.

Hospitalidad. Su excelente humanidad le lleva a ser capaz de amar a las personas cuando menos lo merecen porque es precisamente cuando más lo necesitan. Es un cuidador nato, cuya hospitalidad le permite acoger y atender a otros en sus momentos de mayor vulnerabilidad, tanto física como psicológica.

Independencia. Ya no necesita ni depende de los demás para sentirse bien consigo mismo, conquistando su independencia emocional. Y al gozar de esta autonomía, se relaciona desde su verdad más esencial, comprendiendo que nadie hace feliz a nadie, pues la verdadera felicidad está dentro uno mismo.

Respeto. Al quitarse la gorra de salvador, se relaciona con sus seres queridos desde el respeto, entendiendo que todo ser humano es capaz de sobrellevar y aprender de su destino. Si bien los demás saben que pueden contar con él, ya no se entromete ni interviene paternalistamente en sus vidas.

Servicio. Lo que más le gusta en la vida es ser verdaderamente útil para los demás. Y buscando genuinamente el bien de sus semejantes encuentra el suyo personal. Al culminar su proceso de transformación conecta con una vocación de servicio que lo trasciende, orientando su existencia al bien común de la sociedad.

Resultados satisfactorios

Amor. Se ama a sí mismo. Ama a los demás. Y ama el mundo. Está tan lleno de amor que siempre tiene algo bueno que ofrecer, sin importar lo que suceda ni tampoco quién tenga delante. Su actitud y comportamiento parecen responder en todo momento a la pregunta: «¿Qué haría el amor frente a esta situación?».

Humildad. Es verdaderamente humilde. Y no es que piense menos *de* sí mismo, sino que piensa menos *en* sí mismo. Su modestia nace de la profunda comprensión de que tanto sus decisiones como sus acciones están guiadas por la voluntad de la vida manifestándose a través suyo.

Libertad. Ya no hay persona que lo ate ni relación que lo esclavice. Al no necesitar nada de los demás ni depender de otros para ser feliz, se siente totalmente libre para ser quien verdaderamente es. Esta maravillosa sensación de libertad deviene al liberarse de sí mismo, de la identificación con el ego.

Alas

Puede estar influido por el ala 1, mostrándose más sereno y elocuente. Tiende a ser mucho más organizado, poniendo especial atención en los detalles para obtener resultados excelentes. Tiene más facilidad para hacer autocrítica, asumiendo y aprendiendo de sus errores. También se muestra más tolerante con los demás, aceptándolos tal como son. Toma decisiones movidas por valores éticos. Y le motiva involucrarse en proyectos sociales, aportando lo mejor de sí mismo al servicio de un propósito en el que crea firmemente. Para profundizar más acerca del lado luminoso de esta ala es muy recomendable que interiorice la información relacionada con el ser esencial del eneatipo 1.

También puede estar influido por el ala 3, mostrándose más sociable y *networker*. Se le da de maravilla relacionarse con la gente. Y le encanta conocer y aglutinar a personas que tengan intereses y aspiraciones similares. Se siente muy valioso simplemente por ser quien es. No tiene que demostrar nada. Está muy en contacto con sus emociones y sentimientos, los cuales sabe compartir de forma natural y sincera. Le resulta muy sencillo ser auténtico y se siente extremadamente cómodo conectando con los demás. Para profundizar más acerca del lado luminoso de esta ala es muy recomendable que interiorice la información relacionada con el ser esencial del eneatipo 3.

En caso de tener las dos alas, contará con ciertas cualidades esenciales de los eneatipos 1 y 3, estando influido por la luz de ambos tipos de personalidad.

Niveles de desarrollo

Pongamos que un ser querido entra en depresión. Si interpreta esta situación desde un nivel de desarrollo insano tenderá a invadirlo y ayudarlo compulsivamente para que deje de sufrir. Y al no obtener nada a cambio, le echara en cara los servicios prestados. En el caso de percibir lo que está pasando desde un nivel de desarrollo medio tenderá a ponerse triste cada vez que piensa en esa persona, atosigándola de vez en cuando y dándole consejos no solicitados. Y si se relaciona con dicho acontecimiento desde un nivel de desarrollo sano comprenderá el valor pedagógico inherente a la adversidad, respetando el proceso de la otra persona. Eso sí, le hará saber que puede contar con su apoyo.

XII

ENEATIPO 3: EL VALOR DE LA AUTENTICIDAD

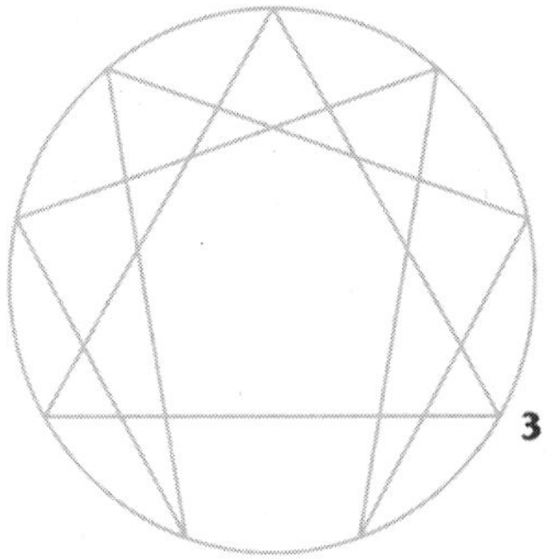

Cuando está identificado con el ego el eneatipo 3 se siente menospreciado e infravalorado. Trabaja como un autómata para conseguir estatus social, reconocimiento profesional y solvencia económica, esperando así ser valorado y admirado por su entorno. Es alguien muy vergonzoso, ambicioso y falso. Pretende triunfar a toda costa. Y al no conseguirlo se siente fracasado. Su aprendizaje pasa por transformar la vanidad en autenticidad, valorándose por lo que es en vez de por lo que hace, consigue o aparenta. Y esto pasa por ser honesto, disfrutar del ocio y vivir con propósito. Al reconectar con el ser esencial se convierte en una persona genuina, sincera y resolutiva que hace lo que ama. Y como resultado cosecha un éxito posmaterial y trascendente.

Radiografía del ego

CÓMO SE MANIFIESTA EL ENEATIPO 3 CUANDO ESTÁ CONDICIONADO POR SU LADO OSCURO

Características arquetípicas del ego

Actor. Ambicioso. Autómata. Camaleón. Competitivo. Desvalorizado. Falso. Fanfarrón. Fracasado. Fraudulento. Hipócrita. Impostor. Infravalorado. Insustancial. Interesado. Materialista. Menospreciado. Mercantilista. Mercenario. Narcisista. Oportunista. Presumido. Pretencioso. Resultadista. Superficial. Trepa. Vanidoso. Vendehumos. Vergonzoso. *Workaholic*.

Herida de nacimiento

La separación y desconexión del ser esencial provoca que en lo más profundo sienta que no es valioso por lo que es. Y como consecuencia le invade una sensación de menosprecio e infravaloración. Es entonces cuando siente que tiene que demostrar a los demás su valía, consiguiendo los recursos necesarios para proveerse de una buena vida material.

Percepción neurótica

Su visión egoica, subjetiva y distorsionada de la realidad le hace estar convencido de que carece de valía y que no tiene ningún valor intrínseco. Y al sentirse tan menospreciado cree que tiene que aparentar ser alguien competente y exitoso. Esta sensación de infravaloración le lleva a creer que su valor como ser humano depende de lo que hace, tiene y consigue, así como de lo que la gente piensa acerca de él. Cree que dicho aprecio lo logrará cuando llegue a ser *alguien* y a conseguir *algo* que le haga resaltar y distinguirse por encima de los demás.

Motivación egocéntrica

Su principal deseo es alcanzar sus metas para ser valorado y admirado. Se toma la vida como una carrera, un concurso y una competición, compitiendo en secreto con quienes le rodean para ser uno de los ganadores. También está convencido de que será feliz cuando logre materializar sus ambiciones profesionales y económicas. De ahí que centre gran parte de su vida en trabajar y producir para ganar mucho dinero y adquirir un cierto estatus social y financiero.

Defectos egoicos

Ambición. Tiene una ambición desmedida en relación con sus deseos y objetivos. Tiende a ser adicto al dinero. Cuanto más gana, más desea ganar. Siempre quiere más. Y eso le convierte en una persona interesada y oportunista, un mercenario que hace lo que hace con el único fin de proveerse la mejor vida posible.

Automatismo. Cual máquina bien engrasada trabaja a todas horas. Sus jornadas laborales suelen ser maratonianas. De tanto *hacer* se desconecta del *ser*, volviéndose un autómata que actúa de forma mecánica. Y mientras lleva a cabo sus funciones profesionales no piensa ni siente. Tan solo ejecuta.

Competición. Puede que nadie se entere, pero está compitiendo permanentemente. De ahí que solo se dedique a actividades que le permitan vencer al resto de sus contendientes. Tiende a ser un trepa, capaz de emplear todo tipo de artimañas para intentar ascender social o profesionalmente.

Hipocresía. Lleva una máscara puesta desde hace tanto tiempo que se ha olvidado de quién es en realidad. Tiende a actuar como un camaleón, fingiendo y aparentando la imagen más conveniente en cada momento para ganarse a sus interlocutores. Su falsedad e hipocresía le impiden crear vínculos auténticos.

Fraude. En caso de no conseguir sus objetivos financieros, puede convertirse en un embaucador que recurre al engaño y a la estafa de forma intencional y deliberada para lograr beneficios económicos, sin importar el daño o perjuicio que tales acciones puedan causar a otras personas, instituciones o empresas.

Imagen. Quiere que los demás lo perciban como una persona físicamente atractiva. De ahí que tienda a cuidar mucho su imagen personal, procurando siempre causar una muy buena primera impresión. Suele ser presumido y coqueto, pero lo intenta disimular para que nadie lo sepa.

Materialismo. Asocia la felicidad con el bien-tener y no tanto con el bien-estar. Esta es la razón por la que le interesan mucho las cosas materiales. Cree que el valor de su patrimonio —lo que posee— es directamente proporcional a su valor personal, así como con el estatus que ocupa dentro de la sociedad.

Mercantilista. La gran mayoría de sus relaciones son puramente utilitarias y mercantiles. Tiende a relacionarse solamente con quienes pueden ayudarle a conseguir aquello que se propone. Está mucho más centrado en cosechar resultados que en conectar con personas.

Pretenciosidad. Tiende a presentarse a sí mismo con más cualidades y virtudes de las que en realidad tiene. Suele ser un poco pretencioso y fanfarrón, reconociendo sus méritos, hazañas y logros para compensar su sensación de desvalorización. Es un crack impresionando al público frente al que actúa.

Venta. Concibe el mundo como un gran mercado y al resto de los seres humanos como potenciales clientes. Se percibe como si fuera un producto. Se le da muy bien venderse a sí mismo y autopromoverse. Sin embargo, tiende a exagerar acerca del valor que aporta, convirtiéndose en un vendehúmos.

Workaholism. Suele ser adicto al trabajo. Cuando no está haciendo algo productivo se siente incómodo. Le encanta estar muy ocupado con sus proyectos y siempre está disponible para sus clientes. Tiende a trabajar unas horas todos los fines de semana y es incapaz de no mirar el *mail* durante sus vacaciones.

Resultados insatisfactorios

Fracaso. Su mayor temor es ser un perdedor. Paradójicamente, no importa lo mucho haga, lo que mucho tenga ni lo que mucho consiga. Ni siquiera que los demás lo perciban como alguien exitoso o triunfador al que le van de maravilla las cosas. Cuando se para y se permite sentir, tiende a sentirse un fracasado.

Impostura. Cuando se le asigna un trabajo nuevo que requiere de nuevas habilidades y competencias tiende a padecer «el síndrome del impostor». Siente que no está lo suficientemente cualificado ni goza de las aptitudes ni de las cualidades necesarias para ejecutarlo con garantías de éxito.

Infravaloración. Se aprecia muy poco y se infravalora muchísimo. Y movido por su enorme falta de autoestima intenta desesperadamente que los demás lo valoren y lo reconozcan. Pero por más elogios o aplausos que reciba, en lo más profundo de sí mismo se siente menospreciado.

Insustancial. Al poner el foco de atención en la dimensión material y económica, por dentro se siente totalmente vacío y hueco. Se siente como si fuera un maniquí que carece de sustancia, muy superficial. Eso sí, disimula todo lo que puede para que nadie se dé cuenta. Se le da muy bien el postureo.

Vanidad. Le importa demasiado lo que piense la gente, haciendo cosas y dejando de hacer otras para gozar de buena reputación. Le motiva más ser conocido que alguien que valga la pena conocer. Cuando se siente poco valorado aflora su vanidad, adornando su personalidad con falsos atributos para brillar y sobresalir.

Vergüenza. Dado que lleva una careta puesta y en realidad no es la persona que muestra a los demás, tiene miedo de que descubran su disfraz social. Más que nada porque le da muchísima vergüenza que los demás sepan quién verdaderamente es —y cómo se comporta— cuando nadie más lo está mirando.

Trastorno de personalidad

La excesiva identificación con el ego puede llevarlo a padecer el trastorno narcisista. Y este se caracteriza por su enfermiza necesidad de ser admirado y elogiado por la gente que le rodea. Cegado por el ego le es imposible conectar con los demás, a quienes utiliza como medios para lograr sus propios fines.

Ego espiritual

Al entrar en el ámbito del desarrollo personal tiende a alcanzar un punto en el que su vanidad espiritual le lleva a vanagloriarse de su crecimiento y progreso en este ámbito. Lee libros de autoconocimiento, acude a retiros de introspección y sigue las enseñanzas de reconocidos gurús para poder después fardar de todo ello en su entorno social y familiar. Se trata de un intento desesperado de mostrar a los demás que ya no es el personaje falso, materialista y superficial que era antes de despertar, sino que ahora goza de una nueva identidad mucho más consciente y elevada. Sin embargo, sigue siendo una fachada orientada a gozar de una valoración social más sofisticada y trascendente.

Tríada

Forma parte de la tríada del sentimiento. Su manera de conseguir la aprobación de la gente es cultivando la imagen de triunfador. Su principal interés consiste en lograr lo que se propone para sobresalir dentro de su círculo familiar, social y profesional. Al no valorarse a sí mismo carece de autoestima, convirtiéndose en una persona ambiciosa, falsa y competitiva. Su emocionalidad se manifiesta desconectándose de sus emociones para ser más eficaz y productivo en relación con la consecución de ciertos resultados a nivel laboral y financiero.

Alas

Puede estar influido por el ala 2, sintiendo también la sensación de abandono y falta de amor de este eneatipo. Cree que para ser valorado tiene que ser buena persona. Le cuesta mucho mirar hacia adentro. No sabe qué necesita ni cómo gestionar sus emociones. Al gozar de tan poco amor propio se pierde en la mirada ajena. Suele ser más orgulloso y soberbio. Y tiende a entrometerse en la vida de los demás, intentando resolver sus problemas sin que estos se lo pidan. Sus vínculos afectivos suelen estar lastrados por la codependencia. Para profundizar más acerca del lado oscuro de esta ala es muy recomendable que interiorice la información relacionada con el ego del eneatipo 2.

También puede estar influido por el ala 4, sintiendo la sensación de rechazo e inferioridad de este eneatipo. Cree que para ser valorado tiene que diferenciarse de su círculo social. Necesita llamar la atención para ser visto y considerado como alguien especial, único y diferente. Suele ser mucho más egocéntrico y dramático. Al estar tan centrado en mirarse el ombligo le cuesta mucho ver a los demás. Y siente que le falta algo esencial para gozar de estabilidad emocional. También tiende a compararse con la gente que le rodea y sentir envidia. Para profundizar más acerca del lado oscuro de esta ala es muy recomendable que interiorice la información relacionada con el ego del eneatipo 4.

Si tiene las dos alas sentirá las heridas de los eneatipos 2 y 4, estando influido por la sombra de ambos tipos de personalidad.

Instintos

Conservación. Cuando este instinto está más exaltado el ego tiende a poner el foco de atención en sí mismo, en su seguridad material y solvencia económica. Es un proveedor nato. Quiere ganar suficiente dinero para que tanto a él como a su familia no le falte de nada. Es excesivamente práctico y utilitarista, centrado en hacer lo necesario para conseguir los resultados esperados. Más que *ser* humano, es un *hacer* humano. A nivel emocional tiende a ser más frío. Evita ser el centro de atención y no le gusta alardear. Hace lo posible por negar, reprimir y esconder su vanidad, pues sabe que no causa buena imagen. Da la impresión de que se siente muy seguro, pero tiene miedo de no dar la talla.

Sexual. Cuando tiene este instinto más pronunciado el ego tiende a poner el foco de atención en sus relaciones íntimas. Y en caso de tenerlos, en su pareja y en sus hijos. La vanidad le lleva a ser esclavo de su imagen, creyendo que su valor gira en torno a su atractivo físico. Trata de potenciar al máximo su belleza —en muchas ocasiones de forma artificial—, compitiendo físicamente con los demás por ser el más deseado. Es una especie de persona-objeto. Tiene complejo de ser como la muñeca Barbie y el muñeco Ken. Le da pánico envejecer. Se disfraza de lo que haga falta para ligar. Y suele tener parejas muy guapas, a las que exhibe como trofeos. Está tan centrado en el envoltorio que por dentro se siente hueco.

Social. Cuando este instinto domina su personalidad el ego tiende a poner el foco de atención en la sociedad y en el mundo. Su mayor miedo es ser un don nadie. Y lo que más le importa es ser importante. Y esto pasa por lograr reconocimiento familiar, estatus social y éxito profesional. Potencia su vanidad perteneciendo a clubes exclusivos para rodearse con gente vip. Le gusta vestir con ropa de marca y tiene un punto exhibicionista. Dado que no cree en sí mismo se aferra a diversas credenciales externas para dotarse de cierto valor. Suele tener un excelso currículum, protagonizado por numerosos títulos de prestigiosas universidades, así con una dilatada trayectoria con cargos muy pomposos.

Descentramiento

Cuando se empacha de su propio ego puede descentrarse al eneatipo 9, conectando con la sensación de negación y de no ser bienvenido. Tanto si ha conseguido sus objetivos como si no, siente que ha fracasado, que nada importa y que todo carece de sentido. A su vez conecta con la apatía, la pereza y la procrastinación. Es entonces cuando deja tareas sin hacer, entrando en una espiral de holgazanería. Al sentirse tan insignificante e irrelevante se amolda a los demás con resignación para evitar el conflicto. Para profundizar más acerca del descentramiento —y también de su lado oscuro—, es muy recomendable que interiorice la información relacionada con el ego del eneatipo 9.

También puede descentrarse al eneatipo 6, conectando con la sensación de inseguridad y desconfianza. En este caso se vuelve mucho más cobarde, paranoico y dubitativo, sintiéndose incapaz de tomar decisiones por sí mismo. De ahí que tienda a buscar apoyo y orientación en figuras de autoridad. Eso sí, en ocasiones también se rebela contra ellas. Se vuelve muy pesimista, padeciendo grandes dosis de nerviosismo y ansiedad por situaciones que todavía no han ocurrido. Para profundizar más acerca del descentramiento —y también de su lado oscuro—, es muy recomendable que interiorice la información relacionada con el ego del eneatipo 6.

Crisis existencial

Llega un momento en el que la esclavitud egoica le hace sentirse profundamente desvalorizado, negado e inseguro. Es entonces cuando su nivel de ambición y falsedad alcanza cotas de oscuridad desorbitadas. Aniquilado por la vergüenza, la infravaloración y la vanidad está convencido de que todas las personas son «despreciables, hipócritas e interesadas». Que el mundo es un lugar «mercantil y competitivo». Y que en definitiva «nada tiene valor». Siente que ha ido subiendo escalón tras escalón por la escalera que creía que le iba a conducir al éxito y la felicidad. Pero al llegar a la cima se siente fracasado. En el caso de tocar fondo y despertar, finalmente se da cuenta de que ha colocado la escalera en la pared equivocada. Esencialmente porque —cegado por el ego— no ha sido fiel a sus valores ni ha priorizado lo que de verdad le importa.

El proceso de transformación

CLAVES PARA LIBERARSE DEL EGO Y RECONECTAR CON EL SER ESENCIAL DEL ENEATIPO 3

Desafío psicológico

Al empezar su proceso de autoconocimiento es inevitable que se pregunte: «¿Cómo me van a valorar si dejo de impresionarlos y me muestro tal como soy?». El error de fondo que plantea esta paradoja es que no se trata de impresionar a nadie. ¿Por qué debería hacerlo? Y más importante todavía: ¿para qué? Esencialmente porque su valor como ser humano no radica en la mirada ni en la percepción de los demás, sino que es intrínseco e inherente a su verdadera esencia. De ahí la importancia de valorarse a sí mismo y atreverse a ser auténtico.

Centramiento

Para reconectar con el ser es fundamental que se centre al eneatipo 6, entrando en contacto con las cualidades esenciales de este tipo de personalidad. Para lograrlo le conviene reflexionar acerca de cuáles son sus auténticos valores. Y también tomar decisiones valientes siendo fiel a los dictados de su corazón, sin limitarle lo que piense la gente. A su vez es muy centrante que poco a poco vaya ganando confianza y seguridad en sí mismo. Para profundizar más acerca de su centramiento —y también de su lado luminoso—, es muy recomendable que interiorice la información relacionada con el proceso de transformación y la esencia del eneatipo 6.

También puede centrarse al eneatipo 9, manifestando las virtudes más luminosas de este tipo de personalidad. En este caso le resulta muy positivo conectar con la ira reprimida durante tanto tiempo por haber negado su verdadero ser. Al resolver su conflicto interno deja de infravalorarse, se siente mucho más en paz y se vuelve mucho más consciente de sí mismo. Y le hace mucho bien emplear la asertividad para decir lo que piensa y seguir su propio camino libremente. Para profundizar más acerca de su centramiento —y también de su lado luminoso—, es muy recomendable que interiorice la información relacionada con el proceso de transformación y la esencia del eneatipo 9.

Prácticas transformadoras

Ser honesto. El primer paso para transformarse es tal vez el más difícil: dejar de autoengañarse. Lleva toda la vida contándose una serie de mentiras a sí mismo para justificar su afán de trabajar como un autómata, proveerse la mejor vida material posible y presentarse ante los demás como una persona encantadora y exitosa a la que todo le va estupendamente. Para poder hacer añicos esta deslumbrante máscara social egoica es fundamental que empiece a ser radicalmente honesto consigo mismo. Y es que por muy bien que le vayan las cosas en el plano laboral y económico, ha de tener el valor de mirarse en el espejo y preguntarse cómo se siente a nivel emocional. Y en caso de no sentirse verdaderamente feliz iniciar un proceso de cambio.

Conectar con su valía. Su deseo de llegar a ser alguien le ha llevado a desconectarse totalmente de sí mismo, sintiéndose hueco, vacío y mediocre. Para sanar su autoestima ha de dejar de proyectar su valía en lo que hace, lo que tiene, lo que consigue y lo que aparenta. Y que comprenda que su verdadera esencia es como un diamante de un valor incalculable. Para ello ha de dedicar tiempo y energía a conocerse en profundidad, venciendo su miedo a mirar en su interior por temor de no encontrar nada. Gracias al autoconocimiento va quitando capas y capas del personaje que ha construido para gozar de una determinada imagen. Y llega un día en el que por fin distingue entre el disfraz egoico y su auténtica identidad. Ese día marca un punto de inflexión en su vida.

Vencer el miedo al fracaso. Más allá de comprar el éxito arquetípico que le ha vendido el sistema, ha de reflexionar acerca de qué es lo que tiene verdadero valor, una cuestión personal, subjetiva e intransferible. De ahí la importancia de descubrir qué es lo que a él más le importa, sin importar lo que la gente piense. Y es que no hay mayor éxito que ser fiel a uno mismo. Eso sí, el gran obstáculo que ha de vencer es superar su miedo al fracaso. Es decir, a que le vayan mal las cosas, no disponga de recursos suficientes y sea percibido como un perdedor. La paradoja es que son estos temores los que le llevan a seguir un camino profesional que nada tiene que ver con su auténtica esencia. Y, por ende, a que tarde o temprano se sienta un impostor y un fracasado.

Abrazar el posmaterialismo. Si bien el materialismo le proporciona una existencia mucho más cómoda, lujosa y placentera, ha de comprender que la felicidad no tiene tanto que ver con la adquisición de dinero, la acumulación de propiedades ni el consumo de bienes materiales. Más que nada porque es patrimonio del ser esencial y deviene cuando vive conectado consigo mismo. De ahí la importancia de cultivar su vida interior para entrar en contacto con su dimensión espiritual. Evidentemente esto no pasa por demonizar el materialismo. Ni mucho menos por renunciar a él. Sino más bien por abrirse a una visión posmaterial, entendiendo que las cosas más importantes de la vida no son cosas. Y que por tanto no pueden comprarse con dinero.

Vivir con propósito. Con la finalidad de lograr sus objetivos egoicos, tiende a haber cursado aquellos estudios y entrando en aquellos sectores que parecían garantizarle estatus profesional y seguridad financiera. Pero este tipo de ambiciones suelen llevarle a seguir una senda carente de sentido. De ahí que incluso habiendo triunfado, sienta que ha perdido su alma en el proceso, llegando a sentirse muerto en vida. Para revertir esta situación, ha de buscar el verdadero sentido de su existencia, de manera que pueda vivir con propósito. Y esto pasa por seguir su pasión, honrar su talento y aportar una contribución significativa haciendo algo que ame hacer. Solo entonces empezará a disfrutar del camino, dejando de obsesionarse por llegar a la meta.

Crear riqueza. Una de sus aspiraciones egoicas es ganar dinero. Sin embargo, este legítimo afán de lucro termina corrompiéndolo. Esencialmente porque llega un día en el que deja de importarle lo que hace —o el valor que aporta—, centrándose exclusivamente en cuánto va a facturar por el tiempo invertido y los servicios prestados, convirtiéndose en un mercenario. Parte de su transformación pasa por concebir el dinero no como un objetivo, sino como un resultado. Y es que para evitar prostituir sus valores esenciales su finalidad ha de ser crear prosperidad para la sociedad, dedicándose a resolver problemas, atender necesidades reales y aportar valor añadido. Actuando de este modo entra en un círculo virtuoso: cuanta más riqueza genera, más dinero cosecha.

Disfrutar del ocio. Cuando vive identificado con el ego tiende a glorificar el estar todo el día ocupado, trabajando incansablemente en pos de recompensas externas. No le gusta tener tiempo libre, pues así evita parar para reflexionar, preguntándose por qué y para qué hace lo que hace ni cómo se siente al respecto. Lo cierto es que la laboriosidad constante se convierte en su antidepresivo natural. Sin embargo, la verdadera productividad no consiste en hacer más, sino en hacer lo importante. Y esto pasa por aprender a disfrutar del ocio y a valorar el descanso, pasando tiempo de calidad con la familia y los amigos. Es fundamental que se permita llevar a cabo aquellas actividades que le hagan sentir vivo y conectado, aunque no le reporten un beneficio económico.

Mostrarse auténtico. Haga lo que haga con su vida siempre va a tener detractores. Y es que no importa las decisiones que tome o el camino que siga, pues en todo momento va a haber personas que lo critiquen. Al comprender que es imposible no tener *haters*, poco a poco deja de afectarle y limitarle lo que piense la gente. Y como consecuencia se siente cada vez más libre para quitarse la careta y mostrarse auténtico. Por otro lado, también ha de vencer su miedo a intimar por temor a que descubran quién es en verdad. Para lograrlo es fundamental que establezca y cultive relaciones genuinas con personas de confianza. Principalmente para que —en caso de necesitarlo— pueda compartir sus frustraciones y sentirse apoyado.

Afirmaciones eneagrámicas

Para reprogramar la mente y limpiar su subconsciente, es necesario que se repita las siguientes afirmaciones hasta que se conviertan en su nueva realidad:

- Soy valioso por lo que soy.
- Me gusta conectar con mis sentimientos.
- Pongo mi talento al servicio de una profesión con sentido.
- Me muestro natural y genuino con los demás.
- Mantengo relaciones honestas y verdaderas.
- Me valoro y me amo a mí mismo tal como soy.
- Sé que el verdadero éxito es ser feliz y auténtico.
- Mi mayor riqueza reside en estar bien conmigo.
- Comparto mis frustraciones con personas de confianza.
- Sé quién soy y cuál es el propósito de mi vida.

Anatomía del ser esencial

CÓMO SE MANIFIESTA EL ENEATIPO 3 CUANDO ESTÁ CONECTADO CON SU VERDADERA ESENCIA

Características arquetípicas del ser

Admirable. Apreciable. Auténtico. Beneficioso. Colaborador. Competente. Conectado. Cualificado. Eficaz. Emprendedor. Estimable. Exitoso. Funcional. Honesto. Honorable. Genuino. Legal. Meritorio. Natural. *Networker*. Práctico. Productivo. Real. Resolutivo. Respetable. Sincero. Valioso. Verdadero. Trabajador. Transparente.

Reconexión con la esencia

Cuando reconecta con su verdadera esencia experimenta nuevamente lo que sentía mientras estaba en el estado intrauterino: autenticidad total, valoración incondicional, aprecio completo y naturalidad absoluta.

Percepción neutra

Al liberarse del ego y desidentificarse de la mente adquiere una visión esencial, neutra y sabia de la realidad, la cual le posibilita verse a sí mismo como lo que verdaderamente es: un ser inherentemente valioso. También comprende que nació trayendo consigo una semilla genuina, la cual contiene un fruto en potencia. Y que este se manifiesta en forma de intereses, pasiones, cualidades, virtudes, habilidades, capacidades, dones e inteligencias que vienen de serie. Al reconectar con el ser esencial entra en contacto con su verdadera valía, interiorizando que su valor real reside en lo que es y no en lo que tiene.

Motivación trascendente

Su principal motivación es ser auténtico, seguir su dicha y hacer lo que ama, sin importarle lo que piense la gente. Y esto pasa por ser radicalmente honesto consigo mismo, dejando de autoengañarse y vivir tras una máscara. Al sentirse intrínsecamente valioso trasciende el deseo de destacar, impresionar y triunfar, conectando con el anhelo trascendente de aportar el máximo valor añadido en la vida de los demás. Y al seguir los dictados de su corazón termina poniendo irremediablemente su talento al servicio de una profesión útil, creativa, con sentido y orientada al bien común de la sociedad.

Cualidades esenciales

Aprecio. Tiene una habilidad especial para detectar y apreciar el valor intrínseco de cada ser humano con el que interactúa. Y trata a quienes le rodean con respeto, haciéndoles sentir valiosos e importantes por quienes son. A pesar de no tener ningún afán de protagonismo suele ser muy valorado por los demás.

Colaboración. Le motiva mucho colaborar y cooperar con otros para lograr objetivos compartidos. Ha interiorizado que si bien solo va más rápido, formando parte de un equipo puede llegar muchísimo más lejos. Más que buscar el reconocimiento individual, está comprometido con el éxito grupal.

Emprendimiento. Cuenta de forma natural con una actitud emprendedora y una mentalidad de empresario. Tiene mucha iniciativa y es muy proactivo. Se adelanta a los problemas antes de que ocurran para encontrar la mejor manera de resolverlos. Y se hace responsable de conseguir los resultados esperados.

Éxito. Al ser fiel a sí mismo —a lo que le dicta su corazón— tan solo se dedica a actividades que le motivan, le apasionan y tienen verdadero sentido para él. Y debido a su empeño y tenacidad, tiene facilidad para triunfar en aquello que se proponga, cosechando éxito tanto a nivel espiritual como mundano.

Honestidad. Vive sin máscara. No tiene ningún reparo en mirarse cara a cara frente al espejo para decirse la verdad a sí mismo, aunque le duela. Es muy honesto y sincero con los demás, diciendo las cosas como son, sin poses, adornos ni florituras. Llegado el caso sabe desnudarse emocionalmente.

Honorabilidad. Es una persona legal que sigue su propio código de honor, el cual le impide cometer fraudes de ningún tipo. Frente a un conflicto de intereses, busca una solución que posibilite que las dos partes implicadas salgan ganando. Y por ello, goza de la estima y del respeto de quienes colaboran con él.

Mérito. Es un profesional muy competente, resolutivo y altamente cualificado. Tiende a asumir un rol muy relevante en su entorno laboral, especialmente por su compañerismo y capacidad de trabajo. Todo lo que tiene y todo lo que ha conseguido se lo ha ganado por méritos propios, sin pisar a nadie.

Networking. Le encanta conocer y conectar con personas que tienen intereses comunes y que comparten un mismo propósito. Tiene un talento especial para crear sinergias laborales y oportunidades de negocio. Cuenta con una amplia red de contactos de calidad formada por gente con valores similares a los suyos.

Practicidad. Tiende a ser una persona muy funcional en el mejor sentido de la palabra. Si bien está en contacto con sus emociones, sabe dejarlas de lado en un momento dado para evitar que le nublen el entendimiento, pudiendo así abordar ciertos problemas y conflictos con un enfoque tremendamente práctico.

Productividad. Es muy eficaz, efectivo y productivo, tanto a nivel personal como profesional. Especialmente porque tiene muy claras sus prioridades y aspiraciones. Y porque se le da muy bien gestionar, aprovechar y optimizar su tiempo, encontrando un sano equilibrio entre la actividad y el descanso.

Valor. Le encanta trabajar. Y en su caso sí le dignifica. Esencialmente porque cree en lo que hace. Además, es su manera de aportar valor, generar riqueza y beneficiar de alguna manera a la comunidad de la que forma parte. Lo cierto es que es un excelente gestor y un solucionador de problemas nato.

Resultados satisfactorios

Autenticidad. Se siente auténtico y libre para ser quien verdaderamente es, mostrándose de forma genuina y relacionándose con los demás con naturalidad y transparencia. Es capaz de compartir sus sentimientos más profundos, así como de expresar sus complejos, inseguridades y frustraciones con naturalidad.

Conexión. A pesar de seguir siendo un hacedor —y de mantenerse muy activo—, su hacer está movido por el ser. Vive conectado consigo mismo y se siente cómodo sintiendo sus emociones. Como consecuencia, tiene facilidad para conectar e intimar emocionalmente con los demás de manera natural.

Valía. No siente la necesidad de demostrar nada a nadie, ni siquiera a sí mismo. Principalmente porque se siente muy valioso por ser quien es. Se tiene mucho aprecio y estima, pero no de forma egoica, sino de manera trascendente. Sabe que sus dones y talentos no tienen ningún mérito, pues vienen de serie.

Alas

Puede estar influido por el ala 2, mostrándose más amoroso y servicial. Suele ser mucho más empático y cercano, priorizando el vínculo afectivo por delante de cualquier resultado. Tiene don de gentes y mucha habilidad para sociabilizar, estableciendo relaciones personales basadas en el aprecio y el respeto mutuo. Desprende un atractivo personal excepcional, convirtiéndose en un imán para los demás. A su vez es más generoso y altruista, involucrándose en causas sociales y participando en proyectos filantrópicos. Para profundizar más acerca del lado luminoso de esta ala es muy recomendable que interiorice la información relacionada con el ser esencial del eneatipo 2.

También puede estar influido por el ala 4, mostrándose más profundo e introspectivo. Es mucho más creativo, soñador e imaginativo y tiende a estar más interesado en temas artísticos y culturales. Suele tener algún *hobby* que le ayuda a desenchufarse del trabajo. Tiene un mundo interior muy rico, está más en contacto con sus sentimientos y sabe gestionar mejor sus emociones. Es una persona estable que sabe salir de sí misma y ver a los demás. Tanto es así que tiene un talento especial para detectar el talento de quienes le rodean. Para profundizar más acerca del lado luminoso de esta ala es muy recomendable que interiorice la información relacionada con el ser esencial del eneatipo 4.

En caso de tener las dos alas, contará con ciertas cualidades esenciales de los eneatipos 2 y 4, estando influido por la luz de ambos tipos de personalidad.

Niveles de desarrollo

Pongamos que es uno de los candidatos para ser promovido dentro de su departamento. Si interpreta esta situación desde un nivel de desarrollo insano tenderá a emplear todo tipo de artimañas para pisotear a sus compañeros e impresionar a su jefe. En el caso de percibir lo que está pasando desde un nivel de desarrollo medio competirá por el puesto trabajando incansablemente, desconectándose de sus emociones y descuidando el resto de las áreas de su vida. Y si se relaciona con dicho acontecimiento desde un nivel de desarrollo sano se dedicará a colaborar con el resto del equipo para aportar el máximo valor para la compañía, dejando en manos de la vida lo que no depende de: ser ascendido.

XIII

ENEATIPO 4: HONRAR NUESTRA SINGULARIDAD

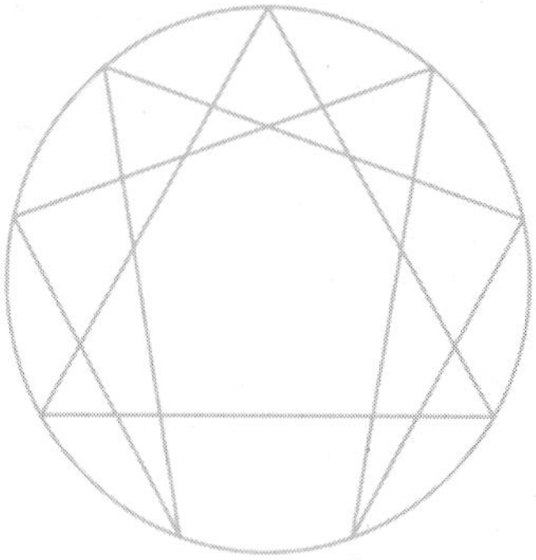

Cuando está identificado con el ego el eneatipo 4 se siente rechazado e inferior. Y fuerza ser alguien único y especial para llamar la atención y ser visto por los demás. Es muy desequilibrado, melancólico y dramático. Pretende diferenciarse de su entorno. Y al no conseguirlo se siente menos que los demás. Su aprendizaje pasa por transformar la envidia en admiración, interesándose por las personas que lo rodean más que por sí mismo. Y esto pasa por dejar de creerse el centro del universo, abrazar la normalidad y permitirse ser feliz. Al reconectar con el ser esencial se convierte en una persona ecuánime, singular y creativa que se atreve a romper moldes y cuestionar el orden social establecido. Y como resultado lleva una vida estable y extraordinaria a la vez.

Radiografía del ego

CÓMO SE MANIFIESTA EL ENEATIPO 4 CUANDO ESTÁ CONDICIONADO POR SU LADO OSCURO

Características arquetípicas del ego

Acomplejado. Atormentado. Bipolar. Complicado. Depresivo. Desconsolado. Desdichado. Desequilibrado. Dramático. Egocéntrico. Elitista. Envidioso. Excéntrico. Fantasioso. Hipersensible. Histriónico. Inadaptado. Incomprendido. Inferior. Inestable. Insoportable. Intenso. Marginado. Masoquista. Melancólico. Nostálgico. Raro. Rechazado. Temperamental. Trágico.

Herida de nacimiento

La separación y desconexión del ser esencial provoca que en lo más profundo sienta que es inadecuado y menos que los demás. Y como consecuencia le invade una sensación de rechazo e inferioridad. Es entonces cuando siente que le falta algo esencial para poder ser feliz y vivir de forma equilibrada. Y esta carencia de estabilidad provoca que se sienta acomplejado y atormentado.

Percepción neurótica

Su visión egoica, subjetiva y distorsionada de la realidad le hace estar convencido de que es inferior del resto de la gente por estar lleno de complejos, déficits y carencias. Sin embargo, considera que la gran mayoría de las personas se conforma con vivir una existencia prefabricada, ordinaria y anodina. Y que prefiere ser desdichado antes que llevar una vida normal y corriente. Paradójicamente, cree que tiene que ser alguien especial para ser visto y aceptado por el mismo grupo social que rechaza y del cual no quiere formar parte.

Motivación egocéntrica

Su principal deseo es encontrar eso que cree que le falta, siendo visto como alguien original que se sale del montón. Esta es la razón por la que bucea en sus profundidades, teniendo el foco de atención excesivamente puesto en su ombligo. La paradoja es que cuanto más busca más se pierde en el laberinto de sí mismo, ahogándose en un mar de emociones. Y de tanto mirarse deja de verse, llamando la atención a través del drama para que sean otros quienes lo miren y lo vean.

Defectos egoicos

Carencia. Debido a su complejo de inferioridad le acompaña una permanentemente una sensación de carencia y de falta. De alguna forma u otra, se siente traumatizado y estropeado por ciertos hechos acontecidos durante su pasado. Le es imposible conformarse y a todo le encuentra un «pero».

Desequilibrio. Dado que asocia estabilidad con normalidad tiende a boicotearse inconscientemente a sí mismo por miedo a caer en la rutina. Como consecuencia se vuelve muy voluble: vive en una montaña rusa emocional y constantemente padece de altibajos. Encontrar el equilibrio le parece una utopía.

Drama. Prefiere sentir sentimientos muy dolorosos a no sentir nada en absoluto. Y tiende a empantanarse en su charca emocional, regodeándose de su propio lado oscuro. Es una persona muy trágica y dramática que tiende a montar escenas, haciendo una enorme montaña de cada granito de arena.

Egocentrismo. Tiende a hacerlo todo sobre él, tomándose cualquier cosa que pasa como algo personal. Su forma de pensar y de hablar está exageradamente protagonizada por los pronombres «yo», «mi», «me» y «conmigo». Es tan egocéntrico que no ve a nadie más que a sí mismo.

Elitismo. Para compensar su sentimiento de inferioridad, tiende a adornar su personalidad con elementos que le den un aire sofisticado, distinguido y un tanto esnob. Rechaza sistemáticamente lo convencional, masificado y comercial. Y tiene un punto elitista, sintiendo que forma parte de una minoría de elegidos.

Excentricidad. Huye de la monotonía y de lo trivial. El peor insulto que le puedes decir es llamarlo «normal». En lo profundo de sí mismo se siente una oveja negra, un patito feo y un extraterrestre venido de otro planeta. Y cual bicho raro suele ser una persona excéntrica y extravagante que no deja a nadie indiferente.

Fantasía. Cree que la realidad tendría que ser diferente a como es: más especial, más intensa y más interesante. Vive atrapado dentro de sus fantasías y ensoñaciones. Es el guionista, director y actor principal de todas las películas que se monta en su cabeza, siendo el drama romántico su género preferido.

Hipersensibilidad. Se vanagloria de ser una persona altamente sensible (PAS). Tiende a sentir las cosas que pasan con una excesiva emocionalidad. Tanto, que suele pasarse de frenada, llegando incluso a saturarse de tanto sentir. Llega un punto en que cualquier estímulo externo le afecta y le desequilibra.

Histrionismo. Suele ser una persona histriónica, con mucha tendencia a teatralizar y exagerar sus estados de ánimo. En ocasiones parece que sobreactúa, dándole demasiada importancia a cuestiones que en realidad no la tienen. Y todo con el fin de llamar la atención del público para el que está interpretando.

Inadaptabilidad. Al rechazar la normalidad de su tiempo, tiende a sentirse excluido y marginado por quienes llevan una vida convencional y siguen la norma. Irónicamente, suele rechazar a este tipo de personas antes de ser rechazado por ellos, convirtiéndose en un inadaptado social.

Incomprensión. Al llevar a cabo la introspección desde el ego, suele empacharse de sí mismo, convirtiéndose en una persona demasiado compleja, caótica y complicada. Por más que se interese por su mundo interior, no termina de comprenderse. Y tiene la sensación de que los demás nunca lo entenderán.

Masoquismo. Tiende a asociar felicidad con tristeza. Y suele ser adicto al sufrimiento. Le causa cierto disfrute y placer atiborrarse de pensamientos desagradables y sentimientos dolorosos. Su masoquismo emocional le lleva al punto de forzar situaciones que desencadenen cierto drama.

Resultados insatisfactorios

Envidia. Suele compararse con las personas que lo rodean, creyendo que los otros tienen *eso* que a él le falta. Y cuanto más se compara, peor se siente consigo mismo y más envidia experimenta en relación con los demás. Tiende siempre a ver más verde el césped de sus vecinos. Y eso lo hunde por dentro.

Depresión. Al apegarse a sus emociones suele convertir un instante de melancolía en un sentimiento de tristeza. Y este puede llegar a transformarse en un estado de ánimo depresivo. Es entonces cuando empieza a verlo todo oscuro y sombrío, dando pie a que el suicidio aparezca como una opción posible.

Intensidad. Tiende a ser una persona muy temperamental y extremadamente intensa a nivel emocional. Suele abrumar y drenar energéticamente a sus interlocutores, quienes en demasiadas ocasiones son incapaces de sostener sus cambios drásticos de humor e inesperados estallidos de irracionalidad.

Melancolía. Cada vez que una de sus fantasías no se hace realidad tiende a refugiarse en la solitud y la melancolía. La verdad es que le encanta saborear estos momentos, los cuales aprovecha para volver a sentir emociones dolorosas e intensas relacionadas con otros hechos de su pasado.

Nostalgia. Suele evocar y añorar tiempos pasados, creyendo que estos siempre fueron mejores. Y tiende a sentir nostalgia por acontecimientos que nunca han sucedido y que seguramente no ocurrirán jamás. También desdeña lo que tiene hasta que lo pierde, instante en el que empieza a lamentarse por haberlo perdido.

Tormento. Sufre muchísimo. Especialmente por ser incapaz de liberarse de heridas y traumas forjados durante su infancia. De tanto perturbarse a sí mismo se convierte en una persona desdichada, atormentada y desesperada. Y es tal su aflicción que siente que nadie puede consolarlo.

Trastorno de personalidad

La excesiva identificación con el ego puede llevarlo a padecer el trastorno bipolar. Y este se caracteriza por padecer cambios extremos en su estado de ánimo, alternando entre momentos donde se viene muy arriba (euforia) y otros en los que se hunde muy abajo (depresión), siendo incapaz de vivir en un punto intermedio.

Ego espiritual

Al entrar en el ámbito del desarrollo personal tiende a alcanzar un punto en el que su egocentrismo espiritual le lleva a engordar su propio ego. Esencialmente por saturarse de tanto autoconocimiento e introspección. Es entonces cuando tiende a hablar de temas espirituales con personas que no están interesadas. Y a rechazar todo lo mundano y superficial, incluyendo a quienes considera «poco profundos» o directamente «muy dormidos». Al volverse un yonqui de la búsqueda espiritual —y seguir sin encontrar su equilibrio interior— suele envidiar en secreto a quienes viven centrados y están más evolucionados. Y en ocasiones ensalza a su gurú para diferenciarse del resto de los buscadores.

Tríada

Forma parte de la tríada del sentimiento. Su manera de obtener la aprobación de la gente es presentándose como alguien diferente que se sale de la norma. Su principal interés consiste en llamar la atención adoptando una personalidad única y especial. Al no verse a sí mismo carece de autoestima, convirtiéndose en una persona egocéntrica, dramática y desdichada. Su emocionalidad se manifiesta aferrándose a estados de ánimo vinculados con experiencias traumáticas de su pasado que justifiquen su sufrimiento del presente.

Alas

Puede estar influido por el ala 3, sintiendo también la sensación de menosprecio e infravaloración de este eneatipo. Cree que para ser tenido en cuenta tiene que sobresalir de alguna manera. Le da excesiva importancia a lo que piense la gente. De ahí que se esmere por aparentar ser alguien atractivo y exitoso que cuenta con recursos más que suficientes para llevar una vida material plena. Tiene un punto más narcisista y exhibicionista. Y su desmedida ambición por llegar a ser alguien le convierte en una persona falsa, vanidosa y competitiva. Para profundizar más acerca del lado oscuro de esta ala es muy recomendable que interiorice la información relacionada con el ego del eneatipo 3.

También puede estar influido por el ala 5, sintiendo la sensación de ignorancia e incapacidad de este eneatipo. Cree que para ser visto ha de ser alguien culto y erudito. Tiende a acumular conocimientos teóricos para parecer alguien con mucha inteligencia. Es mucho más tímido y reservado. Su mayor deseo es que lo descubran sin tener que mostrarse. Le cuesta sociabilizar, volviéndose más avaro y ermitaño. Al vivir encerrado en su universo mental, es más distante e indiferente emocionalmente, pasando mucho tiempo solo. Para profundizar más acerca del lado oscuro de esta ala es muy recomendable que interiorice la información relacionada con el ego del eneatipo 5.

Si tiene las dos alas sentirá las heridas de los eneatipos 3 y 5, estando influido por la sombra de ambos tipos de personalidad.

Instintos

Conservación. Cuando este instinto está más exaltado el ego tiende a poner el foco de atención en sí mismo, tratando de que tanto su estilo de vida como sus bienes materiales reflejen su refinamiento y originalidad. Tiende a poseer objetos sofisticados y estéticos con los que se identifica emocionalmente. También suele ser más profundo, introspectivo e introvertido. Intenta pasar desapercibido para que no se le note la envidia. Y también es mucho más sufrido, tragando y soportando emociones muy dolorosas con tenacidad y sin llamar la atención. Cree que actuando así la vida le compensará, haciendo realidad sus fantasías. Pero al no verlas cumplidas se vuelve un alma en pena.

Sexual. Cuando tiene este instinto más pronunciado el ego tiende a poner el foco de atención en sus relaciones íntimas. Y en caso de tenerlos, en su pareja y en sus hijos. Cree que ha de convertirse en alguien muy peculiar e interesante para atraer y conseguir a las personas que desea. Es excesivamente trágico-romántico y con un cierto aire de divo. Está convencido de que se merece tener todo lo que quiere. Tiende a sentir una envidia visceral y agresiva hacia quienes poseen lo que a él le falta, haciéndoles sentir inferiores para sobrecompensar su propio sentimiento de inferioridad. Y llega a sentir tanto odio y desprecio por ellos que anhela destruirlos emocionalmente, volviéndose insufrible.

Social. Cuando este instinto domina su personalidad el ego tiende a poner el foco de atención en la sociedad y en el mundo. En este caso tiende a ir siempre a contracorriente para reafirmar de manera forzada lo diferente que es de la mayoría. No encaja en ningún lugar, ni siquiera entre los inadaptados. Vive inmerso en un infierno de comparaciones. Y siempre sale perdiendo. Es tan extrovertido que no duda en compartir sus miserias emocionales con el primero que le pregunta qué tal se encuentra. Debido a su constante lamento y a su infinita desesperación, se convierte en un sufridor nato. Envidia la felicidad ajena, pero la rechaza por considerarla banal, común y vulgar.

Descentramiento

Cuando se empacha de su propio ego puede descentrarse al eneatipo 2, conectando con la sensación de abandono y falta de amor. De pronto empieza a desatender sus necesidades emocionales, sintiéndose muy poco querido y volviéndose más demandante. Como consecuencia, emplea la manipulación y el chantaje emocional para obtener el afecto que cree que se merece. A su vez se muestra más soberbio, sintiéndose superior que los demás. Y no duda en entrometerse en la vida de sus seres queridos. Para profundizar más acerca del descentramiento —y también de su lado oscuro—, es muy recomendable que interiorice la información relacionada con el ego del eneatipo 2.

También puede descentrarse al eneatipo 1, conectando con la sensación de insuficiencia e imperfección. En este caso se vuelve mucho más exigente y moralista, juzgando a los demás por comportarse de forma distinta a cómo él considera que deberían comportarse. Tiende a exponer sus opiniones con cierto dogmatismo, intentando que sean plenamente compartidos por quienes le rodean. Y en caso de no conseguirlo, su hipersusceptibilidad provoca que se enfade, se indigne y se frustre con mucha facilidad. Para profundizar más acerca del descentramiento —y también de su lado oscuro—, es muy recomendable que interiorice la información relacionada con el ego del eneatipo 1.

Crisis existencial

Llega un momento en el que la esclavitud egoica le hace sentirse profundamente inferior, imperfecto y abandonado. Es entonces cuando su nivel de egocentrismo y desdicha alcanza cotas de oscuridad desorbitadas. Abrasado por la envidia, el rechazo y la melancolía está convencido de que todas las personas son «fotocopias, banales y vulgares». Que el mundo es un lugar «superficial y estandarizado». Y que en definitiva «nada es original». De tanto interesarse por sí mismo termina atrapado en el sótano de su alma, empantanado en un lodazal de emociones, sentimientos y estados de ánimo muy sombríos y angustiosos. En el caso de tocar fondo y despertar, finalmente se da cuenta de que se ha perdido en su interior. Esencialmente porque su proceso de autoconocimiento ha estado totalmente orquestado por el ego.

El proceso de transformación

CLAVES PARA LIBERARSE DEL EGO Y RECONECTAR CON EL SER ESENCIAL DEL ENEATIPO 4

Desafío psicológico

Al empezar su proceso de autoconocimiento es inevitable que se pregunte: «¿Cómo me van a mirar si dejo de sufrir y vivo de forma equilibrada?». El error de fondo que plantea esta paradoja es que no se trata de ser visto. Más que nada porque los demás no lo ven como es, pues lo miran como ellos son. De ahí la futilidad de llamar la atención. Y mucho menos por medio del sufrimiento. Lo importante es cómo se ve a sí mismo, aprendiendo a ser feliz siendo quien es y a gozar de equilibrio viviendo su vida, sin importar que la gente lo mire o lo vea.

Centramiento

Para reconectar con el ser es fundamental que se centre al eneatipo 1, entrando en contacto con las cualidades esenciales de este tipo de personalidad. Para lograrlo le conviene cultivar la serenidad y la autoaceptación. Y también gozar de más discernimiento, viendo la realidad tal como es y no cómo cree que debería ser. A su vez es muy centrante que sea más disciplinado y organizado, estableciendo rutinas productivas que le permitan materializar sus aspiraciones creativas. Para profundizar más acerca de su centramiento —y también de su lado luminoso—, es muy recomendable que interiorice la información relacionada con el proceso de transformación y la esencia del eneatipo 1.

También puede centrarse al eneatipo 2, manifestando las virtudes más luminosas de este tipo de personalidad. En este caso le resulta muy positivo amarse a sí mismo por quien verdaderamente es, volviéndose independiente y autosuficiente emocionalmente.

Así es como conecta con la humildad y la empatía, entrando en la vida de los demás con vocación de servicio. Le hace mucho bien dejar de pensar en lo que él quiere, centrándose en lo que necesitan las personas con las que interactúa. Para profundizar más acerca de su centramiento —y también de su lado luminoso—, es muy recomendable que interiorice la información relacionada con el proceso de transformación y la esencia del eneatipo 2.

Prácticas transformadoras

Soltar el pasado. Su sentido de identidad está muy condicionado por acontecimientos dolorosos ocurridos durante su infancia y juventud, a los cuales se aferra para justificar el sufrimiento que experimenta en el presente. Para poder sanar es imprescindible que suelte de una vez su pasado, liberándose de la pesada mochila emocional que ha venido cargado sobre sus espaldas. Y para ello ha de comprender que todo lo que le ha ocurrido a lo largo de su vida —incluyendo ciertas experiencias traumáticas— ha sido necesario para iniciar su búsqueda espiritual. De ahí que en vez de victimizarse y regodearse en el drama, lo inteligente sea obtener el beneficio inherente a cada una de estas situaciones adversas en forma de aprendizaje. Y seguidamente pasar página.

Neutralizar lo que sucede. Es fundamental que tome consciencia de que su experiencia emocional no tiene tanto que ver con lo que sucede, sino con las historias mentales que se cuenta a sí mismo sobre lo que está aconteciendo. Y es que una cosa son los hechos objetivos. Y otra muy diferente, la interpretación subjetiva y distorsionada que hace de esas mismas situaciones en base a sus creencias, pensamientos y emociones. En la medida en que deja de identificarse con las películas que se monta en su cabeza, se va dando cuenta de que la realidad es neutra. Y como consecuencia empieza a relativizar las cosas externas que le pasan. De este modo ya no se viene ni demasiado arriba ni demasiado abajo. Y poco a poco va sintiéndose más estable por dentro.

Dejar de creerse el centro del universo. Otro gran aprendizaje que ha de realizar es entender que él no es el centro del universo y que el mundo no gira alrededor de su propio ombligo. Para dejar de sufrir ha de trascender primero su desmesurado egocentrismo, dejando de esperar que la realidad se adapte constantemente a sus deseos, necesidades, expectativas e intereses egoicos. También ha de aprender a dejar de tomarse lo que ocurre como algo personal. Principalmente porque nada lo es. Si bien las cosas pasan, no le pasan *a* él. Simplemente ocurren. A partir de ahí, en caso de no beneficiarle o directamente perjudicarle, es esencial que corte de raíz el melodrama. Y que procure aprovechar dichas situaciones para su crecimiento y evolución espiritual.

Tomarse unas vacaciones de sí mismo. Si bien a la gran mayoría de los seres humanos les conviene mirar más en su interior, en su caso ocurre lo contrario: se ha pasado tres pueblos. De hecho, ha terminado corrompiendo su proceso de autoconocimiento, volviéndose adicto a la búsqueda espiritual. Esencialmente porque en vez de servirle para trascender el ego, dicha introspección le ha llevado a reforzar todavía más la identificación con este *yo* ilusorio. De ahí que sienta que nunca llega a ninguna parte y que todavía le queda mucho para iluminarse Para salir de este círculo vicioso se ha de tomar unas vacaciones de sí mismo. Esto pasa por dejar de autopsicoanalizarse y de asistir a cursos de desarrollo personal, dedicándose a cuestiones lúdicas e intrascendentes.

Transformar la envidia en admiración. Otro desafío que tiene por delante es cambiar la manera en la que se relaciona con la envidia. Bien empleada, esta emoción le puede aportar mucha información acerca de sus dones innatos y de su propósito de vida. Para empezar, ha de comprender que cualquier comparación es absurda. Más que nada porque cada ser humano es único e irrepetible. Y cada uno está llamado a expresar su singularidad de una forma diferente. En este sentido, aquello que envidia tiene que ver con algún anhelo que lleva dentro pero que todavía no ha sabido cómo expresar o manifestar. De ahí la importancia de cultivar la admiración, pues al elogiar y aplaudir de corazón talentos ajenos está implícitamente desarrollándolos en su interior.

Abrazar la normalidad. Su enfermiza necesidad de diferenciarse le ha llevado a forzar ser alguien especial. Curiosamente, se trata de algo redundante, pues intrínsecamente ya lo es. De hecho, todo el mundo es especial. Literalmente. Desde el color de los ojos hasta la huella dactilar. No hay dos seres humanos idénticos. Así, otro de sus mayores retos consiste en ser simplemente quien es. Y esto pasa por abrazar su parte convencional y normal. Eso sí, viviéndola a su manera. Y dado que tiende a ser demasiado profundo e intenso, le viene de maravilla salir de su zona de confort, buscando actividades, situaciones y personas superficiales e intrascendentes. Su verdadera liberación pasa por saber estar bien en cualquier lugar y sentirse a gusto con cualquier persona.

Permitirse ser feliz. Debido a su adicción al sufrimiento, tiende a sabotear situaciones y relaciones que le acerquen al equilibrio y al bienestar. De ahí que sea imprescindible que deje de autoboicotearse, permitiéndose simple y llanamente ser feliz. Para lograrlo ha de aprender a conformarse con lo que ocurre o tiene en un momento dado. Es decir, a aceptar conscientemente algo que considera insuficiente y no colma del todo su expectativa. También ha de soltar el hábito de comparar lo que está sucediendo con lo que debería suceder, liberándose de su neurótica necesidad de que todo sea más profundo, interesante y especial de como es. Solo entonces podrá mantener una relación real —y no ilusoria— con la realidad, empezando así el inicio de una gran amistad.

Interesarse por los demás. En vez de querer ser comprendido por la gente, su transformación pasa por aprender a comprender a las personas que se van cruzando por su camino. Cada vez que acuda a algún encuentro social, es primordial que suelte cualquier ensoñación previa que se haya podido montar en su cabeza en forma de expectativa. Dichas interacciones son una excelente oportunidad para soltar su ego, yendo con genuinas ganas de conocer a otros seres humanos. Y esto pasa por aprender a ver, escuchar y empatizar con los demás. Por otro lado, a menos que alguien lo haga con verdadero interés, cada vez que le pregunten cómo se encuentra lo mejor es responder con un simple: «Bien, ¿y tú?». Así evita convertirse en el centro de atención.

Afirmaciones eneagrámicas

Para reprogramar la mente y limpiar su subconsciente, es necesario que se repita las siguientes afirmaciones hasta que se conviertan en su nueva realidad:

- Vivo de forma estable y equilibrada.
- Abrazo y acepto con amor todo lo que forma parte de mí.
- Me intereso genuinamente por la vida de los demás.
- Encuentro satisfacción en las pequeñas cosas de la vida.
- Sé gestionar y regular mis emociones y sentimientos.
- Me permito banalidades intrascendentes de vez en cuando.
- Estoy a gusto en cualquier sitio y con cualquier persona.
- Llevar una vida estable favorece mi bienestar emocional.
- Sé cómo adaptarme en la sociedad siendo fiel a mi esencia.
- Tengo todo lo necesario para ser feliz.

Anatomía del ser esencial

CÓMO SE MANIFIESTA EL ENEATIPO 4 CUANDO ESTÁ CONECTADO CON SU VERDADERA ESENCIA

Características arquetípicas del ser

Artista. Bohemio. Buscador. Contento. Creativo. Disruptivo. Ecuánime. Elegante. Equilibrado. Esencial. Estable. Estoico. Expresivo. Extraordinario. Imaginativo. Inclusivo. Incomparable. Interesante. Introspectivo. Librepensador. Original. Profundo. Resiliente. Romántico. Sensible. Singular. Sustancial. Transgresor. Trascendido. Único.

Reconexión con la esencia

Cuando reconecta con su verdadera esencia experimenta nuevamente lo que sentía mientras estaba en el estado intrauterino: originalidad total, inclusividad incondicional, contento completo y ecuanimidad absoluta.

Percepción neutra

Al liberarse del ego y desidentificarse de la mente adquiere una visión esencial, neutra y sabia de la realidad, la cual le posibilita verse a sí mismo como lo que verdaderamente es: un ser inherentemente único, original y singular. También comprende que es un canal creativo por medio del cual la vida crea y expresa lo que tiene que ser creado y expresado. Y que para alinearse y sintonizarse con esta voluntad divina simplemente ha de soltar el autosabotaje. Al reconectar con el ser esencial descubre que en su interior ya tiene todo lo que necesita para ser feliz. Y que vivir equilibradamente pasa por abrazar la sencillez y la simplicidad.

Motivación trascendente

Su principal motivación es expresar de forma natural quien verdaderamente es, haciendo de su vida una obra de arte. Y esto pasa por seguir su propio camino —no para diferenciarse de la mayoría— sino para ser fiel a su singularidad. Al conocerse a sí mismo y descubrir su identidad esencial —carente de ego—, trasciende su necesidad de forzar ser alguien especial, dejando de intentar llamar la atención por medio del sufrimiento. Y si bien es capaz de adaptarse dentro de la sociedad, su afán disruptivo le lleva a cuestionar el molde establecido, cocreando una vida extraordinaria.

Cualidades esenciales

Artístico. Suele ser una persona muy interesante. Su alma de poeta y espíritu bohemio le llevan a vivir una vida libre de las convenciones de su tiempo. También es un romántico empedernido y un enamorado del amor. Y tiene una vena cultural muy potente, con verdadera fascinación por el arte.

Autotrascendencia. Le es fácil desidentificarse del ego, comprendiendo que el *yo* es una ilusión. Esta capacidad para autotrascenderse le permite vivir de forma despersonalizada. No se toma en serio a sí mismo, pues sabe que no es el autor de su vida, sino un canal mediante el que la existencia se expresa.

Creatividad. Si bien es muy creativo e imaginativo, este talento no tiene por qué manifestarse solamente en expresiones artísticas. Se refleja —especialmente— en su forma de pensar, la cual tiende a salirse de la caja. Es un librepensador al que le encanta cuestionarse y profundizar acerca del porqué de las cosas.

Disrupción. Tiene la mente muy abierta y es un inconformista nato. Sin embargo, su inconformismo no viene movido por la insatisfacción, sino por la curiosidad. Es una persona subversiva, transgresora y disruptiva, que cuestiona el orden social establecido para explorar formas alternativas de pensar y de vivir.

Expresividad. Una de las cosas que más le gusta en la vida es compartir su propia experiencia vital. Eso sí, con quien se lo pide y está genuinamente interesado. Tiene facilidad para sentir, gestionar y expresar sus sentimientos, conmoviendo a sus interlocutores con sus emocionantes y sugestivos relatos personales.

Inclusividad. Siente que puede ser él mismo en todas partes y rodeado de todo tipo de personas. Tiende a incluir y a relacionarse con cualquiera, sin importar su origen, estatus, cultura, profesión, raza, religión o incluso nivel de consciencia. Con cada uno de ellos sabe conectar con una parte de su propia humanidad.

Introspección. Le apasiona el mundo del autoconocimiento, la psicología transpersonal y la espiritualidad. Es un buscador que finalmente se ha encontrado a sí mismo, trascendiendo la búsqueda. Su profunda introspección le ha llevado a vivir esencialmente. Y a tener un mundo interior muy rico.

Neutralidad. Tiene la capacidad de ver y de interpretar la realidad tal como es —neutra—, sin distorsionarla excesivamente. Y gracias a ello, no se complica la vida ni monta dramas. En el caso de sufrir algún contratiempo —o tener algún malentendido con alguien—, enseguida lo resuelve sin quedarse enganchado.

Resiliencia. Sabe lidiar con la adversidad, el infortunio y las vicisitudes de la vida con estoicismo. Es decir, con fortaleza, aceptación y resiliencia. Por más que una situación determinada pueda desestabilizarlo temporalmente, siempre acaba recuperando su estabilidad esencial, sacando provecho en forma de aprendizaje.

Sensibilidad. Goza de una tremenda sensibilidad. Tiene la capacidad de sentir y percibir sensaciones muy sutiles. De ahí que tenga una propensión natural para emocionarse ante la belleza en general y cualquier expresión artística o cultural en particular. Este sentir es esencial, no egoico.

Singularidad. Es una persona genuinamente única, original, insólita e inimitable. Y es que no solo se conoce a sí mismo, sino que se atreve a ser quien es, expresando su singularidad en todas las áreas y dimensiones de su vida. Y como consecuencia vive una vida verdaderamente extraordinaria: la suya.

Resultados satisfactorios

Contento. Al vivir conectado consigo mismo se siente alegre y feliz simplemente por ser quién es. También está contento con lo que tiene y —a pesar de su inconformismo— sabe conformarse con lo que obtiene. Y al ser libre de cualquier expectativa vive cada momento como lo que es: único.

Ecuanimidad. Al sentirse emocionalmente tranquilo no distorsiona subjetivamente lo que sucede. Es una persona extremadamente ecuánime, capaz de ver lo bueno en lo malo y lo malo en lo bueno, comprendiendo que no existe ni lo uno ni lo otro, pues la realidad es inherentemente neutra.

Equilibrio. Su capacidad para neutralizar los acontecimientos externos le permite preservar su bienestar interno. Es una persona muy estable, que no está sujeta a subidones ni bajones emocionales. Y sabe mantenerse en un punto intermedio, disfrutando plenamente de dicho equilibrio.

Alas

Puede estar influido por el ala 3, mostrándose más emocional y social. Suele estar interesado en emprender y materializar sus proyectos creativos y artísticos de forma resolutiva. Le gusta trabajar en equipo para lograr objetivos compartidos que tengan propósito y sentido. Se le da de maravilla hacer *networking*, conectando a personas con intereses, valores y aspiraciones similares. Se relaciona con los demás con autenticidad y honestidad. Y tiene facilidad para cosechar éxito en lo que se propone, pues ama lo que hace y hace lo que ama. Para profundizar más acerca del lado luminoso de esta ala es muy recomendable que interiorice la información relacionada con el ser esencial del eneatipo 3.

También puede estar influido por el ala 5, mostrándose más intelectual y solitario. Suele ser introvertido, reflexivo y analítico. Y tiende a emplear un enfoque más científico a la hora de profundizar sobre las temáticas que le interesan. Es muy sabio y desapegado, con gran facilidad para relativizar las cosas que le suceden y tomar distancia de sus emociones y sentimientos. Al ver la realidad con más objetividad apenas se perturba ni sufre. Su infinita curiosidad y su espíritu de innovación llevan su creatividad e imaginación un paso más allá. Para profundizar más acerca del lado luminoso de esta ala es muy recomendable que interiorice la información relacionada con el ser esencial del eneatipo 5.

En caso de tener las dos alas, contará con ciertas cualidades esenciales de los eneatipos 3 y 5, estando influido por la luz de ambos tipos de personalidad.

Niveles de desarrollo

Pongamos que le deja su pareja. Si interpreta esta situación desde un nivel de desarrollo insano tenderá a sufrir desconsoladamente, viviendo esta ruptura sentimental de forma egocéntrica y dramática hasta caer en depresión. En el caso de percibir lo que ha pasado desde un nivel de desarrollo medio sentirá una tristeza muy intensa y profunda, regodeándose en su drama emocional para llamar la atención. Y si se relaciona con dicho acontecimiento desde un nivel de desarrollo sano vivirá su proceso de duelo con ecuanimidad, sabiendo sentir y gestionar su dolor conscientemente. A su vez aprovechará esta experiencia para crecer y evolucionar espiritualmente.

XIV

ENEATIPO 5: LA SABIDURÍA DEL DESAPEGO

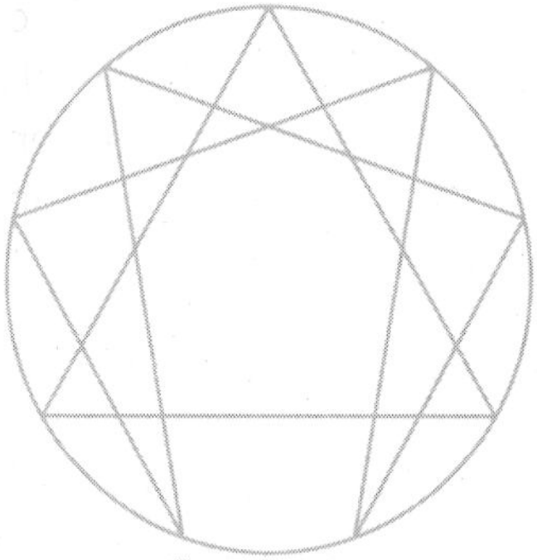

5

Cuando está identificado con el ego el eneatipo 5 se siente ignorante e incapaz. Y se dedica a acumular información y conocimiento, encerrándose en un universo hiperracional y conceptual para evitar el contacto con la realidad. Es alguien muy hermético, avaro e indiferente. Pretende vivir aislado de la sociedad. Y al no conseguirlo se siente abrumado emocionalmente. Su aprendizaje pasa por transformar su avaricia en desapego, encontrando el equilibrio entre lo que piensa y lo que siente. Y esto pasa por salir de la mente, conectar con su cuerpo y sentir sus emociones. Al reconectar con el ser esencial se convierte en una persona sabia, imperturbable e innovadora que sabe relacionarse e intimar con los demás. Y como resultado conecta su inteligencia con su corazón.

Radiografía del ego

CÓMO SE MANIFIESTA EL ENEATIPO 5 CUANDO ESTÁ CONDICIONADO POR SU LADO OSCURO

Características arquetípicas del ego

Abrumado. Abstracto. Acumulador. Aislado. Asceta. Asocial. Avaricioso. Cerrado. Cínico. Distante. Ensimismado. Ermitaño. Erudito. Escaso. Frío. Hermético. Hiperracional. Huraño. Incapaz. Indiferente. Inexpresivo. Insensible. Mezquino. Nihilista. Pedante. Pobre. Retraído. Sabihondo. Tacaño. Tímido.

Herida de nacimiento

La separación y desconexión del ser esencial provoca que en lo más profundo sienta que no dispone de conocimiento, energía ni recursos suficientes para lidiar con la realidad. Ni tampoco con la habilidad social necesaria para hacer frente a las demandas emocionales del resto de la gente. Y como consecuencia le invade una sensación de ignorancia e incapacidad.

Percepción neurótica

Su visión egoica, subjetiva y distorsionada de la realidad le hace estar convencido de que no puede salir de su *cueva*, pues cree que no cuenta con la sabiduría ni la habilidad para afrontar el peligro y la complejidad del mundo en el que vive. Lo cierto es que tampoco quiere. A su vez piensa que la mejor estrategia para sobrevivir y prosperar es reducir al máximo sus necesidades, tanto materiales como emocionales. También cree que la mayoría de las personas son animales irracionales movidos por impulsos primarios que poco o nada pueden aportarle.

Motivación egocéntrica

Su principal deseo es adquirir la comprensión necesaria para navegar por la realidad de forma inteligente. De ahí que investigue, estudie y analice todo tipo de conocimientos obtenidos a través de la lógica y la razón. Aspira a ser un experto en los campos y materias que más le interesan. Pero al llevar una existencia excesivamente conceptual termina siendo preso de su cárcel mental, cuyos barrotes ha construido a base de teorías jamás puestas en práctica.

Defectos egoicos

Abstracción. Cuando finalmente se anima a compartir sus pensamientos sobre su ámbito de especialización, parece un catedrático impartiendo una clase magistral repleta de disertaciones y tecnicismos —demasiado abstractos— que imposibilitan que sus interlocutores entiendan nada de lo que está diciendo.

Acumulación. Siente que apenas tiene tiempo, energía y dinero. De ahí que tienda a conservar y acumular sus escasos recursos disponibles. Es un poco Diógenes, en el sentido de que no le gusta tirar nada que potencialmente pueda ser aprovechable, pues nunca sabe si lo va a llegar a necesitar.

Aislamiento. Tiende a vivir aislado, pues considera que el mundo es invasivo y asfixiante. La vida le parece tan peligrosa que hace todo lo posible para no involucrarse en ella. Prefiere observarla desde la distancia. A poder ser desde un lugar seguro, oculto y protegido, de manera que pueda mirar sin ser visto.

Ensimismamiento. Toda su atención suele estar puesta en su cabeza. Tiende a pasar gran parte de su vida disociado de la realidad —completamente ensimismado—, encerrado dentro de un mundo conceptual e imaginario creado por su mente y sus pensamientos. Siente vértigo al interactuar con el mundo.

Erudición. Es adicto al conocimiento. Y tiene mucha capacidad para retener datos. Tanto, que parece una biblioteca ambulante. Suele leer, estudiar y almacenar información hasta volverse un erudito sobre algún tema en concreto. Sin embargo su saber es meramente conceptual, racional y teórico.

Frialdad. Tiende a ser una persona fría, seca, sosa y distante. No le gusta el contacto físico ni las muestras de cariño. Se siente muy incómodo cuando alguien invade su espacio personal. No entiende cómo los demás comparten abiertamente sus emociones, pues cree que se trata de algo muy íntimo.

Hermetismo. Lo que más valora es su privacidad. De ahí que suela ser muy reservado, hermético e inexpresivo. Apenas comparte nada relacionado con su vida sentimental. Ni siquiera a sus seres queridos y personas de confianza. Su corazón está guardado dentro de una cámara acorazada de máxima seguridad.

Hiperracionalidad. Está totalmente desconectado de su cuerpo, el cual utiliza para transportar su cabeza de reunión en reunión. No vive ni siente las cosas que pasan, sino que se dedica a racionalizarlo todo de forma excesivamente cerebral. Al padecer parálisis por análisis le cuesta mucho actuar y tomar la iniciativa.

Nihilismo. Al vivir tan identificado con su mente suele ser un cínico que no cree en nada y un nihilista desencantado del mundo. Piensa que vive en un universo indiferente regido por el azar. Y que la vida carece de un sentido trascendente. Considera la dimensión espiritual como «esoterismo» y «pseudociencia».

Retraimiento. Tiende a ser una persona retraída, asocial y huraña. No tiene demasiado interés ni motivación por participar en actividades sociales. Tampoco goza de habilidades en este sentido. Dado que la solitud es su zona de confort, pasa la mayor parte del tiempo solo, minimizando al máximo el contacto humano.

Timidez. Tiende a ser muy tímido, cohibido e introvertido. Se siente incómodo alrededor de otras personas. Le resulta muy difícil conectar emocionalmente con los demás. Y debido a su inseguridad no sabe cómo entablar conversaciones y relacionarse con desconocidos. Es un poco *nerd* y bastante rata de biblioteca.

Resultados insatisfactorios

Abrumamiento. Se siente abrumado por los compromisos sociales. Y enseguida se siente agobiado por las peticiones y reclamaciones de su círculo familiar más cercano. Las relaciones le drenan la energía y le agotan mentalmente. El interés que otros muestran por él lo vive como una invasión de su privacidad.

Avaricia. Siente que no tiene nada que dar ni ofrecer a los demás. Especialmente a nivel emocional. De ahí que tienda a ser alguien avaricioso, mezquino y ruin con su tiempo y su energía. A su vez procura escatimar lo que gasta todo lo posible, siendo bastante tacaño con sus recursos materiales y económicos.

Escasez. Tiene una mentalidad de escasez. Está tan desconectado de sí mismo que a nivel espiritual se siente muy pobre, sintiendo que no tiene suficientes recursos para proveerse lo necesario en la vida. Esta es la razón por la que procura guardarse y conservar todo lo que posee y por la que acumula para sí mismo.

Incapacidad. Su sensación de ignorancia, ineptitud, impotencia e incapacidad le lleva a codiciar conocimientos y herramientas para mejorar su pericia en alguna área concreta del saber. Al interactuar con los demás suele permanecer en silencio a menos que pueda hablar de aquellas temáticas en las que es experto.

Indiferencia. Es un analfabeto en el plano sentimental. Esencialmente porque tiene mucho miedo a sentir. Su forma de protegerse es evitar la implicación emocional en sus relaciones, sintiendo indiferencia hacia la especie humana en general y hacia sus semejantes más cercanos en particular.

Pedantería. Tiende a ser una persona sabelotodo y sabihonda que se cree extremadamente culta e inteligente. A nivel mental se considera muy superior a los demás. Cuando se siente inseguro suele caer en la pedantería, menospreciando la capacidad intelectual de sus interlocutores.

Trastorno de personalidad

La excesiva identificación con el ego puede llevarlo a padecer el trastorno autista, Asperger o esquizoide. Y estos se caracterizan por la incapacidad para empatizar y comunicarse, así como por el desinterés por la vida social, sintiendo y expresando una gama de emociones muy limitada en sus relaciones.

Ego espiritual

Al entrar en el ámbito del desarrollo personal tiende a alcanzar un punto en el que su racionalismo espiritual le lleva a confundir erudición con sabiduría. Se cree que es muy sabio por consumir y acumular muchas enseñanzas de diferentes corrientes filosóficas y espirituales. Sin embargo, este tipo de conceptos teóricos nada tienen que ver con las experiencias que posibilitan una verdadera transformación. De ahí que siga identificado con el ego y secuestrado por la mente. Eso sí, rebosante de ideas acerca del despertar y la iluminación. También suele utilizar la meditación como una práctica para aislarse del mundo y protegerse socialmente, cayendo en una indiferencia disfrazada de desapego.

Tríada

Forma parte de la tríada del pensamiento. Su manera de obtener apoyo y orientación para afrontar los retos de la vida es retrayéndose hacia su interior, pues considera que el único lugar seguro es su propia mente. Su principal interés consiste en acumular información y conocimiento. Al carecer de confianza nunca se siente preparado para pasar a la acción, convirtiéndose en una persona tímida, hiperracional y erudita. Su intelectualidad se manifiesta encerrándose en su universo mental, ensimismándose en la soledad de sus conceptos.

Alas

Puede estar influido por el ala 4, sintiendo también la sensación de rechazo e inferioridad de este eneatipo. Está más en contacto con sus emociones y sentimientos. A su vez suele tener dificultades para adaptarse socialmente, sintiéndose especial y diferente dentro de su círculo más cercano. Se siente un bicho raro que no encaja en ningún lugar. Vive todavía más ensimismado en sus fantasías mentales y encerrado en su mundo interior. Y secretamente se compara con los demás, sintiendo grandes dosis de incomprensión, melancolía y envidia. Para profundizar más acerca del lado oscuro de esta ala es muy recomendable que interiorice la información relacionada con el ego del eneatipo 4.

También puede estar influido por el ala 6, sintiendo la sensación de inseguridad y desconfianza de este eneatipo. Suele ser todavía más cerebral y racional, totalmente prisionero de su propia mente. También es mucho más miedoso y cobarde. Cree que el mundo es un lugar muy peligroso y amenazador. Y no soporta la incertidumbre. Tiende a pensar siempre en lo peor que puede suceder para así estar preparado en caso de que finalmente suceda. Y en el proceso se llena de ansiedad y preocupación, volviéndose muy desconfiado y dubitativo. Para profundizar más acerca del lado oscuro de esta ala es muy recomendable que interiorice la información relacionada con el ego del eneatipo 6.

Si tiene las dos alas sentirá las heridas de los eneatipos 4 y 6, estando influido por la sombra de ambos tipos de personalidad.

Instintos

Conservación. Cuando este instinto está más exaltado el ego tiende a poner el foco de atención en sí mismo, procurando no necesitar nada ni a nadie para garantizar su supervivencia. Suele comportarse como un ermitaño, completamente retirado y aislado de la sociedad. Su hogar se convierte en su refugio, el cual acondiciona casi como si fuera un búnker. Así es como se esconde de la gente y se protege del resto del mundo. También gasta los menores recursos posibles, reduciendo hasta la mínima expresión sus necesidades. Su forma de vivir la avaricia es renunciando al placer y anulando sus deseos, llevando una existencia basada en el ascetismo, la solitud y la abstinencia.

Sexual. Cuando tiene este instinto más pronunciado el ego tiende a poner el foco de atención en sus relaciones íntimas. Y en caso de tenerlos, en su pareja y en sus hijos. Tiende a buscar un solo compañero sentimental en quien confiar plenamente y con quien compartir su aislamiento social. Esencialmente para sentirse más seguro y cubrir sus escasas necesidades afectivas. A partir de ahí, su avaricia le lleva a intentar retener el cariño que le proporciona esta persona. A poder ser estableciendo un acuerdo de pareja exclusivo, intentando serlo todo el uno para el otro. Y su expresión amorosa se produce casi íntegramente en la privacidad de su dormitorio durante sus encuentros sexuales.

Social. Cuando este instinto domina su personalidad el ego tiende a poner el foco de atención en la sociedad y en el mundo. En este caso su avaricia le lleva a emprender una búsqueda incesante de conocimiento con la finalidad de lograr la grandeza intelectual. Tiende a sentirse mucho más inteligente y capaz que el resto de los seres humanos, a quienes desprecia por considerarlos «intelectualmente inferiores». Y solamente se relaciona con otras mentes privilegiadas como la suya. En el caso de interactuar con el resto de los mortales suele hacerlo con cierto desdén y altivez, dejando muy claro que él atesora un conocimiento que los otros jamás alcanzarán a poseer.

Descentramiento

Cuando se empacha de su propio ego puede descentrarse al eneatipo 7, conectando con la sensación de vacío e insatisfacción. De pronto su mente se vuelve mucho más acelerada e hiperactiva, siendo incapaz de dejar de pensar. De ahí que recurra a diferentes fuentes de entretenimiento y de evasión —banales y superficiales— para intentar silenciar su agobiante ruido interior.

A su vez conecta con la avidez y la gula, volviéndose adicto al placer para tapar el dolor que le causa vivir tan desconectado de sí mismo. Para profundizar más acerca del descentramiento —y también de su lado oscuro—, es muy recomendable que interiorice la información relacionada con el ego del eneatipo 7.

También puede descentrarse al eneatipo 8, conectando con la sensación de vulnerabilidad e indefensión. En este caso comienza a tener miedo a que los demás le hagan daño, lo que le lleva a ponerse a la defensiva y volverse mucho más visceral, reactivo y beligerante. También se muestra más autoritario y dominante para evitar ser controlado por los demás. Y en el caso de sentir que alguien ha cometido una injusticia, ya no se queda en un segundo plano como observador, sino que lo confronta con agresividad. Para profundizar más acerca del descentramiento —y también de su lado oscuro—, es muy recomendable que interiorice la información relacionada con el ego del eneatipo 8.

Crisis existencial

Llega un momento en el que la esclavitud egoica le hace sentirse profundamente incapaz, vacío e indefenso. Es entonces cuando su nivel de frialdad y avaricia alcanza cotas de oscuridad desorbitadas. Destruido por la hiperracionalidad, el aislamiento y la indiferencia está convencido de que todas las personas son «ineptas, incultas e ignorantes». Que el mundo es un lugar «primitivo y peligroso». Y que en definitiva «escasea la inteligencia». De tanto aislarse emocionalmente de los demás y de ensimismarse en sus pensamientos abstractos, ha perdido todo contacto con el mundo real. En el caso de tocar fondo y despertar, finalmente se da cuenta de que se ha convertido en un prisionero de su cárcel mental. Esencialmente porque al darle tanta importancia a su cabeza se ha desconectado por completo de su corazón.

El proceso de transformación

CLAVES PARA LIBERARSE DEL EGO Y RECONECTAR CON EL SER ESENCIAL DEL ENEATIPO 5

Desafío psicológico

Al empezar su proceso de autoconocimiento es inevitable que se pregunte: «¿Cómo voy a convertirme en un experto si dejo de acumular conocimiento y paso a la acción?». El error de fondo que plantea esta paradoja es que es imposible alcanzar la maestría en cualquier ámbito del saber de forma puramente conceptual. Más que nada porque si bien la teoría conduce a la erudición, solo la práctica posibilita la verdadera sabiduría. Para aprender e integrar cualquier nuevo conocimiento es imprescindible vivenciarlo de forma experiencial.

Centramiento

Para reconectar con el ser es fundamental que se centre al eneatipo 8, entrando en contacto con las cualidades esenciales de este tipo de personalidad. Para lograrlo le conviene conectar con su poder, fortaleza y liderazgo interiores, sintiéndose más capaz de pasar a la acción. Y también armarse de valor para quitarse la coraza, mostrándose más tierno y vulnerable con sus seres queridos. A su vez es muy centrante que aprenda a perdonar para liberarse de la culpa y del rencor. Para profundizar más acerca de su centramiento —y también de su lado luminoso—, es muy recomendable que interiorice la información relacionada con el proceso de transformación y la esencia del eneatipo 8.

También puede centrarse al eneatipo 7, manifestando las virtudes más luminosas de este tipo de personalidad. En este caso le resulta muy positivo aprender a estar verdaderamente presente allá donde está. Y al conectar con su abundancia interior, siente que tiene mucho que ofrecer y compartir con los demás, lo que le lleva a salir de su retiro de solitud. Le hace mucho bien disfrutar de la vida, valorando y agradeciendo la oportunidad de relacionarse y divertirse con otros seres humanos. Para profundizar más acerca de su centramiento —y también de su lado luminoso—, es muy recomendable que interiorice la información relacionada con el proceso de transformación y la esencia del eneatipo 7.

Prácticas transformadoras

Salir de la mente. Uno de los grandes errores que comete es darle demasiado valor a su proceso mental e intelectual. Esencialmente porque no lo tiene. Por más elaborados que sean sus pensamientos, no son reales. Y dado que son pura ficción, su existencia transcurre encerrado en un mundo ilusorio forjado a base de entelequias. Es decir, algo imaginario que considera verdadero. Además, debido a su hiperracionalismo tiende a concluir que nada tiene sentido, volviéndose un nihilista. En la medida en que aprende a pensar menos —saliendo por momentos de su mente—, comienza a vivir y a sentir más, reconectando con su dimensión mística y espiritual. Solo entonces se da cuenta de que lo esencial de la vida no puede ser comprendido a través de conceptos.

Conectar con el cuerpo. Es fundamental que redescubra a ese compañero de viaje tan olvidado: su propio cuerpo. Y es que gran parte de la sangre que corre por sus venas tiende a estar concentrada de cuello para arriba. Para revertir esta situación ha de aprender a ejercitar la consciencia corporal, cultivando el hábito de poner el foco de atención en las diferentes partes que componen su estructura física, desde la coronilla hasta la punta de los pies. Y es que solamente tiende a sentir su cuerpo cuando le duele alguna zona en concreto. De ahí que sea muy recomendable que practique ejercicio con regularidad. A poder ser un ratito cada día, siendo consciente de cómo dicha actividad física le conecta consigo mismo y le aporta energía vital. Y mucho mejor si lo hace en grupo.

Sentir las emociones. Su mayor aprendizaje pasa por emprender el viaje más corto de su vida, bajando de la cabeza hasta el corazón. Solo así podrá hacer lo que más miedo le da: sentir. Lo cierto es que le tiene pánico a los sentimientos. Esencialmente porque le impiden actuar desde la lógica y la razón. En vez de hacer todo lo posible para inhibirlos, ha atreverse a acogerlos con valentía. Para lograrlo ha de permitirse sentir sus emociones cada vez que estas vengan a visitarlo. Y en la medida en que aprenda a gestionarlas con sabiduría, poco a poco irá entendiendo la información que cada una de ellas le da acerca de cómo se siente consigo mismo. Y como consecuencia mejorará su competencia emocional, mejorando su capacidad de relacionarse con los demás.

Expresar sentimientos. Una de las creencias más limitantes que ha de cuestionarse es pensar que no puede compartir sentimientos, pues cree que los pocos que tiene —si los expresa— los perderá. También considera que lo que siente es algo muy íntimo y privado que no debe revelar ni siquiera a sus amigos y familiares. Y que en caso de hacerlo las palabras no alcanzan a captar lo que pretende expresar. De ahí que piense que lo mejor sea no decir nada, guardándose esas emociones para sí mismo. Sin embargo, estas conjeturas son otra forma de autoengaño para evitar ponerse en situaciones de vulnerabilidad. Su sanación pasa por abrir su caja fuerte emocional, diciendo más a menudo lo que siente hasta que se convierta en algo tan natural como respirar.

Dar abrazos. Al vivir tan desconectado de su cuerpo y de su corazón tiende a poner barreras a las pocas personas con las que se relaciona. Rehúsa el contacto físico todo lo que puede. Y se siente muy incómodo cuando alguien se le acerca demasiado. E incluso se siente físicamente molesto y agobiado cuando le saludan con un apretón de manos o dos besos en la mejilla. Lo cierto es que está encantado con las relaciones *online* que mantiene a través de una pantalla Algo que contribuye mucho a su transformación es permitirse tocar y ser tocado por sus seres queridos. Y para ello puede empezar dando abrazos de forma consciente. Sin palmaditas. En silencio. A poder ser un poco más largos. Sintiéndolos. Disfrutándolos. Conectando de verdad con quien está abrazando.

Pasar a la acción. Otro temor que ha de superar es atreverse a pasar a la acción, llevando la teoría a la práctica. Paradójicamente llega un punto en que el conocimiento se convierte en un obstáculo en el camino hacia la sabiduría. Si por ejemplo quiere aprender a bailar, en vez de leer unos cuantos libros sobre el tema es fundamental que vaya a una pista de baile y simplemente... ¡baile! Vivir este tipo de experiencias no solo lo sacan de su zona de confort intelectual —la acumulación de información—, sino que lo adentran en un lugar nuevo, desconocido e incierto. El reto es aprender a sentirse cómodo sintiendo incomodidad hasta que entienda que este tipo de sensaciones tan desagradables forman parte de cualquier proceso de verdadero aprendizaje.

Saber relacionarse. Su miedo al apego lo lleva a protegerse, evitando vínculos afectivos de mutua dependencia. De ahí que tienda a llevar una vida demasiado solitaria y autosuficiente. Sin embargo, la falta de interacción con otros seres humanos impide su crecimiento espiritual. Principalmente porque estos encuentros son una oportunidad para soltar el *yo*, dejando a un lado sus necesidades e inseguridades. Parte de su transformación pasa por saber relacionarse, aprendiendo a empatizar con la persona que tiene delante y conectando al nivel que la situación lo permita en cada momento. Un indicador de que lo ha conseguido es que se siente cómodo estando con gente, pudiendo conocer todo tipo de personas y hacer nuevos amigos.

Participar en la comunidad. Bajo la coraza de cínico se esconde una persona muy sensible que tiende a darle la espalda a sus semejantes, mostrándose fría e indiferente para evitar sufrir. Así, otra práctica que contribuye enormemente a su transformación es participar y comprometerse de alguna manera con la comunidad de la que forma parte, involucrándose en la vida de quienes le importan. Para lograrlo ha de trascender su avaricia, cuestionando la creencia de que tiene muy poca energía y recursos que ofrecer. La ironía es que es precisamente su incapacidad para dar lo que le hace sentir pobre y escaso. Esencialmente porque —a nivel emocional y espiritual— lo que no da, se lo quita, mientras que lo que ofrece y entrega es lo único que verdaderamente conserva.

Afirmaciones eneagrámicas

Para reprogramar la mente y limpiar su subconsciente, es necesario que se repita las siguientes afirmaciones hasta que se conviertan en su nueva realidad:

- Estoy preparado para vivir en el mundo.
- Pongo en práctica la teoría.
- Expreso mis emociones con naturalidad.
- Me siento capacitado para pasar a la acción.
- Abrazo con frecuencia a mis seres queridos.
- Soy cercano y cariñoso con mis amigos.
- Me relaciono fácilmente con otras personas.
- Vivo conectado con mis emociones y sentimientos.
- Dentro de mí hay mucha energía y recursos disponibles.
- Mi vida social es muy satisfactoria.

Anatomía del ser esencial

CÓMO SE MANIFIESTA EL ENEATIPO 5 CUANDO ESTÁ CONECTADO CON SU VERDADERA ESENCIA

Características arquetípicas del ser

Analítico. Aprendiz. Austero. Capaz. Clarividente. Comprensivo. Culto. Curioso. Desapegado. Discreto. Empírico. Experto. Genio. Impasible. Imperturbable. Implicado. Innovador. Inteligente. Íntimo. Lúcido. Minimalista. Místico. Moderado. Objetivo. Observador. Perspicaz. Prudente. Reflexivo. Rico. Sabio.

Reconexión con la esencia

Cuando reconecta con su verdadera esencia experimenta nuevamente lo que sentía mientras estaba en el estado intrauterino: clarividencia total, imperturbabilidad incondicional, capacidad completa y riqueza absoluta.

Percepción neutra

Al liberarse del ego y desidentificarse de la mente adquiere una visión esencial, neutra y sabia de la realidad, la cual le posibilita verse a sí mismo como lo que verdaderamente es: un ser inherentemente capaz, rico y sabio. Verifica a través de su experiencia que su verdadera esencia no es la mente ni los pensamientos, sino la consciencia-testigo que es capaz de observarlos. Y entiende que dado que todo está intrínsecamente conectado no tiene sentido aislarse. Al reconectar con el ser esencial cuenta con la energía y los recursos necesarios para vivir en el mundo y entrar en la vida de los demás preservando su independencia.

Motivación trascendente

Su principal motivación es investigar y aprender sobre aquellos temas que despiertan su interés y curiosidad, creciendo en comprensión y sabiduría para desenvolverse mejor en la realidad. A su vez aprovecha su capacidad de ver las cosas con objetividad y perspectiva para ir hasta los confines del pensamiento, aportando innovaciones y realizando descubrimientos que posibiliten el avance y el progreso de la sociedad. También le motiva implicarse más en la vida social, compartiendo con el resto de los semejantes las conclusiones obtenidas gracias a su lucidez y clarividencia.

Cualidades esenciales

Ciencia. Lleva a cabo sus investigaciones aplicando el método científico, siendo consciente de que hay dimensiones incomprensibles para el intelecto y la razón. Y se mantiene humilde y neutro frente a aquellas nuevas ideas sobre las cuales todavía no hay suficientes evidencias para probar si son ciertas o no.

Curiosidad. Es un eterno aprendiz. Movido por su curiosidad y su afán de crecimiento personal no deja nunca de plantearse nuevos retos intelectuales. Y si bien le encanta investigar, leer y documentarse, aprende haciendo, materializando sus pensamientos abstractos en logros tangibles y concretos.

Genialidad. Goza de una memoria excepcional, la cual le permite almacenar todo tipo de información útil, pudiéndola emplear cada vez que la necesite. También tiene una mente privilegiada, capaz de tener revelaciones y lograr hallazgos extraordinarios, así como de crear inventos geniales nunca antes vistos por la humanidad.

Innovación. Suele convertirse en un eminente experto y maestro de aquella rama del conocimiento en la que se ha especializado. Y gracias a su elevada capacidad para ver las cosas con perspectiva, genera innovaciones que destruyen creativamente los viejos modelos existentes, cambiando el paradigma en dicho campo.

Intimidad. Se siente a gusto relacionándose socialmente. Eso sí, tiende a ser una persona bastante discreta. Le resulta fácil conectar e intimar con quienes sintonizan con su misma frecuencia. Y cuando se abre emocionalmente, se abre de verdad, estableciendo vínculos de calidad.

Minimalismo. Es una persona genuinamente moderada y austera. Se le suelen dar de maravilla los números. Tiende a ahorrar, economizar y optimizar los recursos disponibles. Jamás derrocha ni despilfarra. Y practica el minimalismo, poniendo el foco de atención en las cosas verdaderamente esenciales de la vida.

Misticismo. Se le da bien practicar la meditación y entrar en estados alterados de consciencia. Tiene facilidad para observar su mente, desapegarse de sus pensamientos y desidentificarse del ego, experimentando de manera directa la fusión y comunión con lo divino que reside en lo más hondo de sí mismo.

Objetividad. Interpreta los sucesos de la vida con objetividad, sabiendo relativizar con inteligencia y madurez aquellos hechos que no le favorecen o le perjudican. Al interactuar socialmente se muestra abierto, participativo y razonable, compartiendo sus puntos de vista con templanza e imparcialidad.

Prudencia. Es una persona reflexiva, sensata y prudente que suele ponderar muy bien los riesgos que toma antes de pasar a la acción. Tiene una capacidad de concentración y de análisis descomunal. Y confía en su habilidad para obtener resultados concretos, satisfactorios y precisos.

Sabiduría. Es muy culto e ilustrado. Y también muy sabio. Tiene una inteligencia fuera de la norma, la cual está conectada con su corazón. Y goza de mucha lucidez y clarividencia, alcanzando niveles de comprensión muy elevados que le permiten vislumbrar la realidad más allá de la mente y del lenguaje.

Solitud. Se siente extremadamente a gusto estando a solas consigo mismo. La solitud es su templo, su oasis y su refugio. Raramente se siente solo, pues está íntimamente conectado con la realidad. Sabe relacionarse con inteligencia emocional y cuenta con amigos de verdad.

Resultados satisfactorios

Desapego. Siente que en su interior cuenta con todo lo necesario para sentirse pleno y feliz. Vive la vida con desapego, sin engancharse con nada de lo que ocurre. Sabe disfrutar de todo lo que acontece mientras dura —sin aferrarse a nada ni a nadie—, sabiéndolo soltar y dejándolo ir a su debido tiempo.

Imperturbabilidad. Se muestra impasible frente a situaciones difíciles, complicadas o adversas. Y experimenta ataraxia: un estado de ánimo caracterizado por la tranquilidad de espíritu, así como por la total ausencia de deseos, temores y apegos. Todo ello lo convierten en alguien imperturbable.

Riqueza. Se siente inmensamente rico y próspero espiritualmente. Siente que tiene muchos recursos disponibles y que goza de mucha energía. A su vez se siente capaz de conseguir cualquier cosa que se proponga en la vida. Sin embargo, no quiere, desea ni codicia nada para sí mismo.

Alas

Puede estar influido por el ala 4, mostrándose más introspectivo y expresivo. Tiende a ser una persona estable emocionalmente, que afronta las dificultades con ecuanimidad y resiliencia. Suele tener un mundo interior muy rico. Desafía las convenciones sociales de su tiempo, se atreve a romper moldes y tiene el valor de manifestar su singularidad. Tiene especial interés en el arte y la cultura. Cuenta con muchísima sensibilidad e imaginación, con mucho potencial para ser un genio creativo con ideas totalmente originales, revolucionarias y disruptivas. Para profundizar más acerca del lado luminoso de esta ala es muy recomendable que interiorice la información relacionada con el ser esencial del eneatipo 4.

También puede estar influido por el ala 6, mostrándose más sólido y valiente. Suele ser muy escéptico, con mucha capacidad para cuestionárselo todo, incluyendo su sistema de creencias y su forma de pensar. Es su propio referente y toma decisiones movidas por su intuición y alineadas con sus valores. Es una persona fiel y leal. Confía mucho en sí mismo y en la vida. No le tiene miedo al miedo. Lo afronta con coraje, atreviéndose a salir de su zona de confort para abrazar la incertidumbre de lo nuevo y lo desconocido. Para profundizar más acerca del lado luminoso de esta ala es muy recomendable que interiorice la información relacionada con el ser esencial del eneatipo 6.

En caso de tener las dos alas, contará con ciertas cualidades esenciales de los eneatipos 4 y 6, estando influido por la luz de ambos tipos de personalidad.

Niveles de desarrollo

Pongamos que uno de sus seres queridos le invita a su boda. Si interpreta esta situación desde un nivel de desarrollo insano sentirá fobia social y se inventará cualquier excusa para no asistir, encerrándose en su *cueva* física y mental para evitar cualquier interacción con otros seres humanos. En el caso de percibir este hecho desde un nivel de desarrollo medio acudirá a dicho evento, pero apenas conversará, mostrándose frío e indiferente. Y al hablar tan solo compartirá ideas, pero no emociones. Y si se relaciona con dicho acontecimiento desde un nivel de desarrollo sano irá con mucho gusto, abierto a conocer y conectar con nuevas personas, disfrutando de una velada muy agradable.

XV

ENEATIPO 6: CONFIAR EN LA VIDA

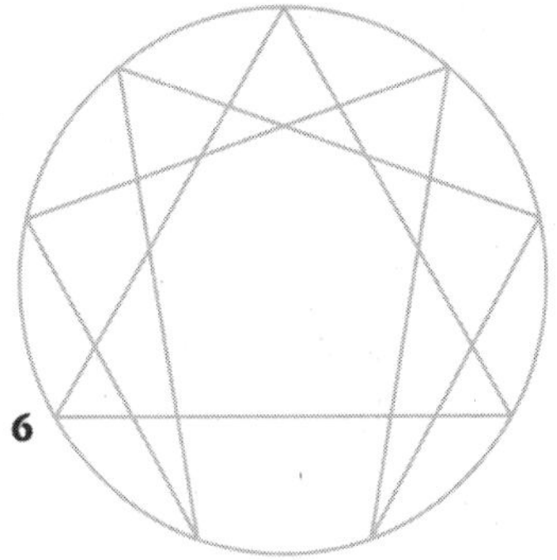

Cuando está identificado con el ego el eneatipo 6 se siente inseguro y desconfiado. Le cuesta mucho orientarse y guiarse por sí mismo y tiende a estar preocupado por cosas que todavía no han sucedido. Es alguien miedoso, ansioso y paranoico. Busca seguridad y certezas absolutas. Y al no conseguirlo se siente aterrorizado. Su aprendizaje pasa por transformar su cobardía en coraje, cultivando la autoconfianza y atreviéndose a tomar decisiones de forma autónoma. Y esto pasa por relajar la mente, hacerse amigo del miedo y abrazar la incertidumbre. Al reconectar con el ser esencial se convierte en una persona segura, valiente y sólida que confía plenamente en la vida, comprendiendo que lo que sucede conviene. Y como resultado se convierte en su propio referente.

Radiografía del ego

CÓMO SE MANIFIESTA EL ENEATIPO 6 CUANDO ESTÁ CONDICIONADO POR SU LADO OSCURO

Características arquetípicas del ego

Angustiado. Ansioso. Aprensivo. Asustadizo. Aterrorizado. Bravucón. Catastrófico. Cobarde. Contradictorio. Contrafóbico. Crédulo. Desorientado. Dubitativo. Desconfiado. Fanático. Fatalista. Fóbico. Inconsistente. Indeciso. Inseguro. Miedoso. Nervioso. Obediente. Paranoico. Perplejo. Pesimista. Preocupado. Pseudoescéptico. Suspicaz. Temeroso.

Herida de nacimiento

La separación y desconexión del ser esencial provoca que en lo más profundo sienta que no puede confiar en sí mismo y que carece de criterio propio para tomar decisiones. También siente que no cuenta con ningún tipo de sostén interno para hacer frente a los peligros de la existencia. Y como consecuencia le invade una sensación de inseguridad y de desconfianza.

Percepción neurótica

Su visión egoica, subjetiva y distorsionada de la realidad le hace estar convencido de que no puede valerse por sí mismo, pues cree que no cuenta con una brújula interior que pueda guiarlo para navegar y desenvolverse por el mundo. Del mismo modo, piensa que para sentirse seguro y dejar de vivir con miedo depende de algo externo, ya sean personas, grupos o instituciones en los que ampararse. Sin embargo y de forma paradójica, también cree que no puede confiar en nada ni en nadie, pues el mundo está lleno de lobos disfrazados de corderos.

Motivación egocéntrica

Su principal deseo es llevar una existencia tranquila y segura, libre de riesgos, peligros e imprevistos de ningún tipo. Está empecinado con alcanzar la seguridad absoluta. De ahí que no pare de indagar por todas partes, cotejando las opciones y alternativas que mayor certidumbre puedan aportarle. Pero de tanto pensar, dudar y de cuestionarse las cosas, nunca termina de encontrar las certezas que busca. Y paradójicamente se siente todavía más inseguro.

Defectos egoicos

Bravuconería. A pesar de que siente miedo e inseguridad en ocasiones se muestra bravucón, dando la impresión de ser alguien valiente y atrevido. A su vez puede actuar de forma contrafóbica, buscando y afrontando aquellas situaciones que lo aterran en un intento desesperado de liberarse de dicho temor.

Contradicción. Vive en una contradicción permanente. Por un lado su cobardía le lleva a obedecer a la autoridad y seguir las normas para así sentirse seguro. Y por el otro, su valentía le anima a rebelarse y seguir su propio camino, lo cual le aterra enormemente. Esta ambivalencia le sumerge en un debate mental eterno.

Credulidad. Puede llegar a ser alguien extremadamente fóbico y crédulo, creyéndose ciegamente lo que ciertas personas o instituciones de referencia afirman para sentirse más protegido. Esta fe en la versión oficial es un sutil mecanismo de defensa cuya finalidad es evitar pensar por sí mismo.

Desorientación. Dado que su mente le bombardea con infinidad de pensamientos desconcertantes y perturbadores, tiende a sentirse muy perdido, sin saber qué hacer con su vida ni adónde ir. Para compensar su desorientación existencial suele buscar fuera el apoyo y la guía que no encuentra dentro de sí mismo.

Fanatismo. Está obsesionado con buscar certezas y garantías que le proporcionen una existencia segura y predecible. En caso de encontrar alguna creencia, gurú u organización que le dé seguridad, suele creer en ello con fervor, devoción y fanatismo. Mediante esta actitud intenta sobrecompensar sus temores y dudas.

Indecisión. Es una persona dubitativa. Le incomoda gozar de libertad para elegir entre diferentes opciones. Esencialmente porque le cuesta muchísimo tomar decisiones. Tiene un comité interior en su cabeza que vislumbra posiciones tan opuestas y contradictorias que nunca se pone de acuerdo en nada.

Obediencia. Tiene un elevado sentido del deber, entregando su libertad a cambio de una falsa sensación de seguridad. Y puede llegar a ser muy obediente, siguiendo procedimientos y normas establecidos por figuras de autoridad y órganos de poder para así evitar la incertidumbre y la responsabilidad.

Perplejidad. Va despistado por la vida. Le acompaña un aura de perplejidad, confusión y desconcierto. Y en general no tiene ni idea de lo que debe pensar, hacer o decir. De ahí que suela pedir consejo y opinión a otros con la esperanza de que alguien le dé las respuestas que no es capaz de obtener por sí mismo.

Pesimismo. Es pesimista, agorero y fatalista. No confía nada en la vida. Tiende a adelantarse a acontecimientos que todavía no han sucedido, pensando siempre en lo peor que puede pasarle. Cree que así estará mejor preparado para afrontarlos. Al pensar de forma catastrofista se llena de ansiedad en el presente.

Pseudoescepticismo. Tiende a ridiculizar, demonizar y despreciar sistemáticamente cualquier idea nueva que atente contra su forma de pensar. Su pseudoescepticismo le lleva a actuar como un abogado del diablo, confrontando ferozmente a quienes transmiten mucha seguridad en sí mismos.

Traición. Es adicto a la sospecha y a la suspicacia, cuestionando con malicia las intenciones de la gente que le rodea. Uno de sus mayores miedos es que alguna de sus personas de confianza lo traicione. En el fondo, está proyectando sus propios temores, pues él sí que es capaz de traicionar para lograr más seguridad.

Resultados insatisfactorios

Angustia. Debido a su neurótica obsesión por imaginar potenciales amenazas suele sentirse muy agobiado y angustiado. Y en lo profundo suele sentirse intranquilo e inquieto. Se come demasiado la cabeza, dándole muchas vueltas a las cosas, llegando incluso a inventar peligros en su mente para justificar su miedo.

Ansiedad. Debido al efecto psicosomático de la mente, su forma ansiosa y nerviosa de pensar le provoca grandes dosis de ansiedad y nerviosismo. Siente que tiene que estar siempre alerta ante los inminentes peligros que lo acechan. Es carne de experimentar ataques de pánico.

Cobardía. En su afán de asegurar su existencia, tiende a encerrar su vida en una cárcel de máxima seguridad. Y no importa cuán precavido sea, pues nunca se siente a salvo del todo. Movido por su cobardía —y mediante el interrogante «¿y si...?»—, su imaginación recrea todo tipo de escenarios y resultados nefastos.

Inseguridad. Al no confiar en sí mismo se siente muy inseguro e inconsistente por dentro, como si le faltara una base sólida bajo sus pies. Esta es la razón por la que suele ser muy aprensivo y tener todo tipo de fobias. Y por la que le cuesta mucho confiar en los demás, poniendo a prueba frecuentemente su lealtad.

Miedo. Es muy asustadizo. Y siente un profundo miedo a sentir miedo. La paradoja es que al creerse gran parte de los pensamientos atemorizantes que deambulan por su mente, suele sentirlo muy a menudo. Tanto, que en ocasiones este temor llega a paralizarlo, sintiéndose completamente aterrorizado.

Preocupación. Es un especulador nato, en el sentido de que piensa en exceso en el desenlace de ciertos acontecimientos. En vez de ocuparse de lo que ocurre en el instante presente, malvive en un constante estado de preocupación, tratando de resolver mentalmente los problemas que cree que van a sucederle en el futuro.

Trastorno de personalidad

La excesiva identificación con el ego puede llevarlo a padecer el trastorno paranoico. Y este se caracteriza por experimentar una desconfianza patológica, creyendo sin ningún motivo justificado que los demás están urdiendo un plan para traicionarlo y dañarlo de alguna forma.

Ego espiritual

Al entrar en el ámbito del desarrollo personal tiende a alcanzar un punto en el que su credulidad espiritual le lleva a no verificar la información y el conocimiento a través de su propia experiencia personal. Por el contrario, se cree ciegamente lo que le enseñan, aludiendo a que procede de fuentes de sabiduría ancestral. También sigue a rajatabla los métodos compartidos por sus gurús, tomando decisiones en base a los consejos y recomendaciones de estos. Y en caso de no funcionarle dichas directrices puede llegar a cuestionarlos férreamente, sintiéndose traicionado y estafado. Por otro lado, es tal su afán de sentirse apoyado y orientado que puede llegar incluso a ser captado por una secta.

Tríada

Forma parte de la tríada del pensamiento. Su manera de obtener apoyo y orientación para afrontar los retos de la vida es pedir consejo a figuras de autoridad. Su principal interés consiste en buscar certezas para sentirse a salvo de posibles riesgos y amenazas. Al carecer de confianza nunca sabe muy bien qué decisión tomar ni qué camino seguir, convirtiéndose en una persona miedosa, dubitativa y contradictoria. Su intelectualidad se manifiesta quedándose enganchado en un bucle de pensamientos ansiosos y pesimistas.

Alas

Puede estar influido por el ala 5, sintiendo también la sensación de ignorancia e incapacidad de este eneatipo. Es más teórico y cerebral. Para protegerse de los peligros del mundo se aísla de la sociedad, refugiándose en la solitud de su propia mente. Se dedica a investigar y a acumular conocimiento, tratando de volverse un experto en aquellas materias que le interesan. Y de tanto pensar y racionalizar las cosas padece parálisis por análisis, teniendo gran dificultad para pasar a la acción. Le abruman las emociones y es mucho más tímido y retraído socialmente. Para profundizar más acerca del lado oscuro de esta ala es muy recomendable que interiorice la información relacionada con el ego del eneatipo 5.

También puede estar influido por el ala 7, sintiendo la sensación de vacío e insatisfacción de este eneatipo. Tiene miedo de sufrir. Y para evitar pensar de forma negativa recurre a la evasión y el entretenimiento, llenando su vida de ruido y banalidad. Y al escapar constantemente de sí mismo se vuelve disperso e hiperactivo. Tiene mucha dificultad para vivir el momento presente. Y es incapaz de quedarse quieto, en silencio y haciendo nada. También tiene mucha gula y es adicto a algún tipo de sustancia o actividad para evitar el dolor. Para profundizar más acerca del lado oscuro de esta ala es muy recomendable que interiorice la información relacionada con el ego del eneatipo 7.

Si tiene las dos alas sentirá las heridas de los eneatipos 5 y 7, estando influido por la sombra de ambos tipos de personalidad.

Instintos

Conservación. Cuando este instinto está más exaltado el ego tiende a poner el foco de atención en sí mismo, temiendo por su supervivencia física y su estabilidad económica. Debido a su cobardía e inseguridad, se siente incapaz de valerse por sí mismo a la hora de afrontar la realidad. De ahí que haga lo necesario para que otros se hagan cargo de su orientación, protección y seguridad. Tiende a mostrarse excesivamente inofensivo, cándido y cálido, como si fuera un osito de peluche. Comportándose de esta forma espera ser acogido y guiado por alguien con más poder y solidez, evitando tener que tomar decisiones. Es fóbico: para no sentir miedo tiende a obedecer a la autoridad.

Sexual. Cuando tiene este instinto más pronunciado el ego tiende a poner el foco de atención en sus relaciones íntimas. Y en caso de tenerlos, en su pareja y en sus hijos. Se siente inseguro por su apariencia física y su atractivo sexual. Y disimula su cobardía bajo una apariencia de valentía y fuerza. Actúa como un perro ladrador: cuando le invade el temor intenta amedrentar a los demás con una actitud intimidante y retadora. Sin embargo, es pura fachada, pues en realidad es poco mordedor. Es contrafóbico: cuando siente miedo lo niega y lo sublima en forma de osadía e intrepidez, afrontando lo que le asusta enseguida. Cree que ha de demostrar su coraje, desafiando a la autoridad simplemente por desafiarla.

Social. Cuando este instinto domina su personalidad el ego tiende a poner el foco de atención en la sociedad y en el mundo. En este caso su cobardía le lleva a adherirse a alguna creencia, comunidad o empresa que le de seguridad. Y se dedica a cumplir con su deber social, asumiendo sus obligaciones y responsabilidades con devoción y servidumbre. Valora las instituciones oficiales. Apoya el orden social establecido. Sigue las normas. Obedece las reglas. Y cumple con la ley. Sin embargo, sospecha y desconfía de todo ello. Es muy ambiguo y contradictorio. Alterna entre la fobia y la contrafobia. En ocasiones el miedo lo convierte en alguien dócil y sumiso. Y en otras, en alguien desafiante y bravucón.

Descentramiento

Cuando se empacha de su propio ego puede descentrarse al eneatipo 3, conectando con la sensación de menosprecio e infravaloración. De pronto le empieza importar en exceso lo que piense la gente. Y se vuelve más ambicioso y competitivo, tratando de conseguir a toda costa sus objetivos profesionales y económicos para sentirse más seguro. A su vez se desconecta de sus emociones y se pone una máscara social, dando la impresión de que es un triunfador para disimular su sensación interna de fracaso. Para profundizar más acerca del descentramiento —y también de su lado oscuro—, es muy recomendable que interiorice la información relacionada con el ego del eneatipo 3.

También puede descentrarse al eneatipo 9, conectando con la sensación de negación y no ser bienvenido. En este caso le invade la pereza y la apatía, anulándose como ser humano para evitar entrar en conflicto con los demás. Le cuesta mucho poner límites y decir «no». Y se adapta con sumisión y resignación a las personas con las que interactúa, especialmente a aquellas que gozan de cierto poder y autoridad. También se instala en su zona de comodidad, evitando así confrontar su profundo miedo al cambio. Para profundizar más acerca del descentramiento —y también de su lado oscuro—, es muy recomendable que interiorice la información relacionada con el ego del eneatipo 9.

Crisis existencial

Llega un momento en el que la esclavitud egoica le hace sentirse profundamente inseguro, menospreciado y negado. Es entonces cuando su nivel de ansiedad y paranoia alcanza cotas de oscuridad desorbitadas. Aniquilado por el miedo, la indecisión y la cobardía está convencido de que todas las personas le van a «traicionar». Que el mundo es un lugar «peligroso y amenazador». Y que en definitiva «no puede confiar en nada ni en nadie». De tanto creerse los pensamientos contradictorios que brotan por su mente ha entregado su libertad y su responsabilidad a terceros para evitar hacerse cargo de su vida. En el caso de tocar fondo y despertar, finalmente se da cuenta de que no puede seguir delegando sus decisiones en guías externos. Esencialmente porque nadie sabe mejor que él qué hacer con su propia vida.

El proceso de transformación

CLAVES PARA LIBERARSE DEL EGO Y RECONECTAR CON EL SER ESENCIAL DEL ENEATIPO 6

Desafío psicológico

Al empezar su proceso de autoconocimiento es inevitable que se pregunte: «¿Cómo voy a encontrar la seguridad si no pienso en lo peor que puede pasar y tomo mis propias decisiones?». El error de fondo que plantea esta paradoja es que buscar la seguridad en el exterior es una quimera. Básicamente porque es una ilusión psicológica. Y dado el efecto psicosomático de la mente, el pesimismo le llena de temor y ansiedad. La única manera de aprender a sentirse seguro y gozar de autoconfianza es decidiendo por sí mismo y aprendiendo de sus errores.

Centramiento

Para reconectar con el ser es fundamental que se centre al eneatipo 9, entrando en contacto con las cualidades esenciales de este tipo de personalidad. Para lograrlo le conviene apaciguar su mente y disminuir su actividad mental. Y también cambiar su diálogo interno por medio de pensamientos tranquilizantes y armoniosos. Al aprender a vivir relajado empieza a sentirse en paz consigo mismo. A su vez es muy centrante que conecte más con su cuerpo y con espíritu. Para profundizar más acerca de su centramiento —y también de su lado luminoso—, es muy recomendable que interiorice la información relacionada con el proceso de transformación y la esencia del eneatipo 9.

También puede centrarse al eneatipo 3, manifestando las virtudes más luminosas de este tipo de personalidad. En este caso le resulta muy positivo sentirse valioso por quién es, siendo honesto consigo mismo y redefiniendo su noción de éxito. Le hace mucho bien honrar su propio talento, dedicándose a algo que le guste, se le dé bien, aporte valor y tenga verdadero sentido. Para ello ha de establecer relaciones auténticas y colaborar con personas que compartan sus mismos valores. Para profundizar más acerca de su centramiento —y también de su lado luminoso—, es muy recomendable que interiorice la información relacionada con el proceso de transformación y la esencia del eneatipo 3.

Prácticas transformadoras

Relajar la mente. Su gran problema es que está demasiado identificado con su cháchara mental, la cual lo tiene totalmente sometido y tiranizado a un bombardeo diario de pensamientos neuróticos. Su transformación pasa por dedicar tiempo a observar su mente y domesticar su atención. Solo así podrá darse cuenta de que no es la charla que oye en su cabeza, sino el ser que es capaz de escucharla. En su caso, practicar meditación no es una opción, sino una necesidad vital para desengancharse de su compulsivo proceso mental. También le puede venir de maravilla hacer yoga o cualquier otra disciplina que le ayude a relajar su mente, conectar con su cuerpo y sentir su espíritu. Es algo que ha de trabajarse cada día y de por vida.

Cuestionar los pensamientos. La raíz de su miedo, inseguridad y desconfianza no tiene nada que ver con sus circunstancias, sino con su forma de mirarlas e interpretarlas. El contenido de sus pensamientos está protagonizado por la preocupación, la ansiedad y la paranoia. De ahí que —por sugestión— tienda a sentir y padecer este tipo de emociones. Lo cierto es que de forma inconsciente suele recrear todo tipo de escenarios amenazantes para justificar su nerviosismo. Y como consecuencia su vida se asemeja a una película de terror. Para revertir esta situación ha de cultivar la atención plena (o *mindfulness*), estando muy alerta y vigilante del tipo de pensamientos que aparecen por su mente. Solo así podrá observarlos, cuestionarlos y dejar de creérselos.

Hacerse amigo del miedo. Uno de sus mayores aprendizajes consiste en cambiar el rol que ocupa el miedo en su vida, cesándolo como director general para reconvertirlo en un mero asesor externo. Y es que la función de esta emoción es avisarle de que está adentrándose en un lugar nuevo e inexplorado. En el fondo, el miedo lo único que pretende es protegerlo, evitando que le pasen cosas desagradables. Su transformación pasa por atreverse a sentir y sostener esta emoción, convirtiéndola en un aliado en su proceso de crecimiento espiritual. Solo así descubrirá que al otro lado del miedo se encuentran las mejores cosas de la vida. De ahí la importancia de recibirlo con hospitalidad, ilusión y expectación, encontrando un sano equilibrio entre el riesgo y la prudencia.

Cultivar el escepticismo. Debido a su profundo miedo a la libertad —el cual suele tomar forma de fanatismo ideológico—, tiende a creer en algo sumisamente o a posicionarse en contra con arrogancia y obstinación. Sin embargo, la sabiduría no tiene nada que ver con creer o no creer, sino con saber. Esta es la razón por la que es imprescindible que cultive el verdadero escepticismo, verificando y contrastando cualquier conocimiento procedente del exterior a través de su experiencia interior. También es fundamental que esté siempre abierto a recibir información nueva, incluso cuando esta atenta contra su identidad. Actuando de este modo hará consciente los prejuicios y resistencias egoicos que le mantienen esclavizado a una forma de pensar muy limitante.

Ser su principal referente. Para poder sanar y transformarse es imprescindible que se emancipe de cualquier figura de autoridad, cuestionando las creencias y directrices con la que ha sido condicionado por su entorno social y familiar. Uno de sus mayores retos es convertirse en su principal referente, atreviéndose a tomar sus propias decisiones siendo fiel a sus valores esenciales. Es decir, a aquello que considera más valioso e importante. Además, en la medida en que aprende a silenciar su mente también ha de escuchar y seguir a su intuición, orientándose en función de lo que le dicta su corazón. Así es como cultiva el músculo de la autoconfianza, gozando de una brújula interior personal e intransferible con la que poder navegar de forma autónoma por la vida.

Confiar en la vida. Para poder trascender el miedo y la inseguridad no le queda más remedio que confiar en la vida. Y no se trata de tener fe, creyendo ciegamente que todo va a ir bien. Por el contrario, ha de verificar empíricamente que las cosas que le suceden son necesarias para su evolución espiritual. Si echa un vistazo a su pasado y se compromete con aprender de lo que le ha ocurrido, descubrirá que las circunstancias más adversas son potencialmente las más beneficiosas, pues son las que mayor aprendizaje pueden reportarle. Todo depende de la actitud con la que las afronta. Esta toma de consciencia le permite mirar hacia el futuro con confianza, sabiendo que lo que le espera va a seguir siendo lo que necesita para seguir creciendo y evolucionando.

Poner la atención en el círculo de influencia. Todo el miedo y la ansiedad que siente se debe a que suele tener puesto el foco en su círculo de preocupación, pensando constantemente en aquello que no depende de él cambiar: la realidad. Al ir creciendo en consciencia es esencial que aprenda a redirigir su atención hacia su círculo de influencia. Es decir, en aquello que sí depende de él cambiar: su actitud frente a la realidad. Para lograrlo ha de adquirir el hábito de darse cuenta de cuándo su mente tiende a divagar sobre cuestiones que escapan por completo a su influencia. Y saber erradicar este tipo de pensamientos de raíz, arraigándose nuevamente al momento presente. De este modo se sentirá cada vez más capacitado para afrontar lo que venga.

Abrazar la incertidumbre. Otra de las revelaciones que más transforman su forma de pensar y de vivir es que la vida es absolutamente impredecible. Por más que se empeñe en especular acerca de lo que puede sucederle, es imposible que adivine lo siguiente que va a acontecer. De ahí la futilidad de obtener certezas. Esencialmente porque cuanta más seguridad externa busca, más inseguro por dentro se siente. Su transformación pasa por abrazar la incertidumbre, comprendiendo que la seguridad que busca está dentro y no fuera. Y esto no pasa por renunciar al control, sino por soltar la creencia de que controla algo. Al estar en paz con el hecho de no saber qué va a suceder, comienza a vivir más despierto y a sentirse mucho más vivo.

Afirmaciones eneagrámicas

Para reprogramar la mente y limpiar su subconsciente, es necesario que se repita las siguientes afirmaciones hasta que se conviertan en su nueva realidad:

- Confío plenamente en mí mismo.
- Soy mi gran referente en la vida.
- Me siento cómodo en la incertidumbre.
- Afronto el miedo con coraje y valentía.
- Soy quien mejor sabe qué hacer con mi vida.
- Me siento sólido, tranquilo y en calma.
- Tomo decisiones por mí mismo.
- Soy capaz de afrontar lo que venga.
- Lo que sucede es lo que necesito para aprender.
- Confío totalmente en la vida.

Anatomía del ser esencial

CÓMO SE MANIFIESTA EL ENEATIPO 6 CUANDO ESTÁ CONECTADO CON SU VERDADERA ESENCIA

Características arquetípicas del ser

Alerta. Arrojado. Atrevido. Audaz. Cauto. Confiable. Consistente. Cuestionador. Decidido. Épico. Escéptico. Fiable. Fidedigno. Fiel. Firme. Heroico. Indagador. Inquisitivo. Intrépido. Leal. Noble. Precavido. Preparado. Previsor. Rebelde. Resuelto. Seguro. Sólido. Valeroso. Valiente.

Reconexión con la esencia

Cuando reconecta con su verdadera esencia experimenta nuevamente lo que sentía mientras estaba en el estado intrauterino: confianza total, solidez incondicional, consistencia completa y seguridad absoluta.

Percepción neutra

Al liberarse del ego y desidentificarse de la mente adquiere una visión esencial, neutra y sabia de la realidad, la cual le posibilita verse a sí mismo como lo que verdaderamente es: un ser inherentemente seguro, sólido y valiente. Verifica a través de su experiencia que está sostenido y apoyado por la existencia. Y que todo lo que le sucede forma parte de un plan pedagógico universal, cuya finalidad es el desarrollo y la evolución de su consciencia. A su vez comprende que la intuición es el susurro del alma; es la manera que tiene la vida de guiarle y orientarle para convertirse en quien está destinado a ser.

Motivación trascendente

Su principal motivación es confiar en sí mismo y trascender el miedo, atreviéndose a recorrer su propio camino del héroe y hacer con su vida aquello que siente que ha venido a emprender. Gracias a su coraje y valentía es capaz de superar cualquier obstáculo y vencer cualquier adversidad sin titubear. No duda en cuestionar y rebelarse pacíficamente frente a cualquier figura o institución de autoridad que pretenda coartar su libertad. Y al ser fiel a sus valores esenciales tan solo se vincula con personas, comunidades y proyectos con propósito y con alma.

Cualidades esenciales

Alerta. Tiene facilidad para vivir alerta y vigilante, observando su mente y cuestionando aquellos pensamientos potencialmente atemorizantes y perturbadores. De este modo se convierte en guardián protector de su propio bienestar emocional, impidiendo que ningún pensamiento le robe su paz interior.

Audacia. Cree en sí mismo y solamente hace cosas en las que cree. Es audaz, atrevido e intrépido, capaz de confrontar sus miedos, salir de su zona de confort y de asumir riesgos para ser fiel a sus valores. No le da muchas vueltas a las cosas en su cabeza. Cuando siente que tiene que hacer algo, lo hace. Y va a por todas.

Cautela. Es una persona muy cautelosa, precavida y previsora. Tiene talento para detectar posibles riesgos y amenazas, así como para adelantarse a los problemas con ingenio y proactividad. Si bien es muy consciente de los diferentes peligros que forman parte de la vida, se siente preparado para hacerles frente con valentía.

Decisión. Es una persona muy decidida. Esencialmente porque en vez de escuchar a su cabeza, sigue a su corazón. Cuando tiene que tomar una decisión importante, no duda. Simplemente la toma. Y asume los resultados y las consecuencias con responsabilidad, seguridad y firmeza.

Épica. Le mueve la épica de formar parte de algo más grande que él. E incluso —llegado el caso— el heroísmo de dar su vida por los demás. Aspira a irse de este mundo dejando un legado glorioso y trascendente, repleto de hazañas y contribuciones significativas que valga la pena recordar.

Escepticismo. No se cree ninguno de los pensamientos que brotan en su mente. Ni cree ciegamente lo que los demás le explican. Tampoco se cree nada de lo que le cuentan los medios de comunicación masivos. Para poder formarse su propio criterio, indaga y verifica de forma inquisitiva la información que recibe.

Fiabilidad. Es alguien en quien genuinamente puedes confiar y de quien te puedes fiar de verdad. Quienes lo conocen saben que pueden contar con él, pues como amigo fiel y leal siempre va a estar ahí cuando se le necesite. Es imposible que traicione a sus seres queridos y personas de confianza.

Fidelidad. Tiene muy claro cuáles son sus valores. Y es muy fiel a sí mismo. Todas las decisiones que toma honran las cosas que son importantes para él y están alineadas con su verdadera esencia. Cuando viola alguno de sus valores enferma. Es la manera que tiene su cuerpo de decirle que no se venda ni traicione.

Lealtad. Es completamente leal a las personas en las que cree y con las que se ha comprometido. Se siente totalmente responsable de emprender las acciones necesarias para conseguir los resultados que se esperan de él. Lo cierto es que cumple siempre con sus compromisos y acuerdos. No defrauda.

Nobleza. Se desenvuelve por la vida con franqueza y gentileza. Su carácter noble se define por el tipo de acciones y decisiones que toma, las cuales aportan una ganancia a todos los implicados. En caso contrario, busca una alternativa. Suele anteponer sus intereses personales para servir a una causa mucho mayor que él.

Rebeldía. Es un objetor de conciencia nato. Si cree que una ley viola algún derecho humano fundamental no duda en rebelarse contra el poder establecido, ejerciendo la desobediencia civil. Considera que cuando la gente teme al gobierno hay tiranía, mientras que cuando el Estado teme al pueblo hay libertad.

Resultados satisfactorios

Confianza. En caso de que un pensamiento perturbador invada su mente tiende a preguntarse: «¿Qué es lo peor que puede pasar?». Y si eso que teme finalmente ocurre confía en su capacidad para hacerle frente con aplomo. También confía en la vida, pues tiene la certeza de que lo que sucede, conviene.

Coraje. Se siente seguro de sí mismo, se desenvuelve muy bien en la incertidumbre y asume riesgos con cautela e inteligencia. Es su propio gurú y su referente en la vida. Es muy valiente y no deja que el miedo lo limite ni lo paralice. Actúa con valor, coraje y determinación frente a situaciones complicadas.

Solidez. Es una persona consistente; cuenta con unos cimientos muy sólidos y compactos. Dentro de sí mismo encuentra el apoyo que necesita para orientarse por la vida. Aquello en lo que cree no está basado en suposiciones ni conjeturas, sino en verdades verificadas a través de sus propias vivencias.

Alas

Puede estar influido por el ala 5, mostrándose más curioso y reflexivo. Tiende a ser una persona comprensiva y sabia, que sabe tomar distancia de las cosas que suceden para poder relativizarlas con objetividad. Su lucidez le permite mostrarse impasible e imperturbable frente a la incertidumbre. Tiene más facilidad para observar y desapegarse de su proceso mental. Y a nivel social es mucho más discreto y solitario. Y se le da muy bien la investigación, el análisis y la innovación, procurando extraer conclusiones empíricas y científicas. Para profundizar más acerca del lado luminoso de esta ala es muy recomendable que interiorice la información relacionada con el ser esencial del eneatipo 5.

También puede estar influido por el ala 7, mostrándose más optimista y aventurero. Suele emanar una energía alegre, entusiasta y divertida, transmitiendo muy buen rollo allá donde va. Le resulta fácil cultivar la atención plena y vive muy arraigado al momento presente. Se siente muy abundante por dentro y necesita el silencio para recargar las pilas. Es una persona sobria y agradecida, que sabe ser feliz con lo que tiene. Y siempre se queda con lo positivo y beneficioso que encuentra en cada experiencia. Para profundizar más acerca del lado luminoso de esta ala es muy recomendable que interiorice la información relacionada con el ser esencial del eneatipo 7.

En caso de tener las dos alas, contará con ciertas cualidades esenciales de los eneatipos 5 y 7, estando influido por la luz de ambos tipos de personalidad.

Niveles de desarrollo

Pongamos que odia su puesto de trabajo y anhela dedicarse a lo que le apasiona, planteándose hacerse autónomo. Si interpreta esta situación desde un nivel de desarrollo insano, con tal de no sentir miedo se convencerá de que no está capacitado para dicha nueva ocupación, zanjando el asunto para siempre. En el caso de percibir este hecho desde un nivel de desarrollo medio pensará en lo que puede ir mal si deja su empleo y no lo dejará. Sin embargo, dicha idea seguirá presente en sus pensamientos. Y si se relaciona con dicho acontecimiento desde un nivel de desarrollo sano diseñará un plan para reinventarse. Y a su debido tiempo lo hará, adentrándose en la incertidumbre con confianza y valentía.

XVI

ENEATIPO 7: LA SONRISA INTERIOR

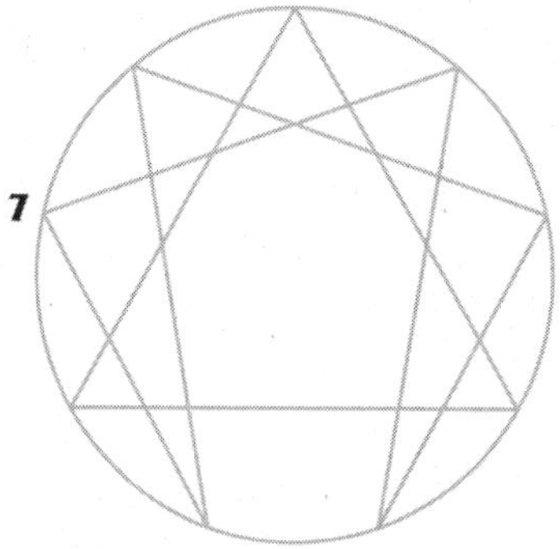

Cuando está identificado con el ego el eneatipo 7 se siente vacío e insatisfecho. Se dedica a hacer muchos planes y no para quieto ni un momento del día. Es alguien muy acelerado, hiperactivo e insaciable. Huye del dolor para no sufrir. Y al no conseguirlo se vuelve adicto a cualquier cosa que le cause placer. Su aprendizaje pasa por transformar su gula en sobriedad, conectando con la felicidad que reside en su interior en vez de perderse en el laberinto de la evasión. Y esto pasa por sumergirse en el silencio, abrazar el dolor y vivir en el presente. Al reconectar con el ser esencial se convierte en una persona abundante, agradecida y madura que sabe disfrutar de la vida sin necesidad de parches. Y como resultado se convierte en alguien genuinamente alegre y feliz.

Radiografía del ego

CÓMO SE MANIFIESTA EL ENEATIPO 7 CUANDO ESTÁ CONDICIONADO POR SU LADO OSCURO

Características arquetípicas del ego

Aburrido. Acelerado. Adicto. Anestesiado. Ávido. Banal. Charlatán. Disperso. Distraído. Estresado. Evasivo. Eufórico. Exagerado. Excesivo. Frívolo. Glotón. Hedonista. Hiperactivo. Huidizo. Impaciente. Inconstante. Infeliz. Inmaduro. Insaciable. Insatisfecho. Naif. Ruidoso. Sobreestimulado. Vacío. Voraz.

Herida de nacimiento

La separación y desconexión del ser esencial provoca que en lo más profundo sienta un atemorizante y gigantesco agujero negro emocional. De ahí que sienta que no puede estar quieto haciendo nada, pues en el momento en que se para experimenta incomodidad, dolor y ansiedad. Y como consecuencia le invade una sensación de vacío e insatisfacción.

Percepción neurótica

Su visión egoica, subjetiva y distorsionada de la realidad le hace estar convencido de que por dentro está vacío y que la felicidad y la satisfacción proceden del exterior. También cree que no hay nada peor que el silencio y la inactividad. Y que no puede entrar dentro de sí mismo, pues piensa que si lo hace será devorado por el monstruo de la ansiedad y la negatividad. A su vez considera que para sentirse pleno ha de vivir experiencias nuevas y placenteras. Y que siempre está pasando algo en otro lugar mucho más gratificante que en donde está.

Motivación egocéntrica

Su principal deseo es evitar sentir dolor y sufrimiento. Y a poder ser sentirse alegre y feliz las veinticuatro horas del día. Quiere probarlo todo, viviendo el máximo número de experiencias posibles. Desea una existencia donde solo haya lugar para lo agradable y lo positivo, evitando cualquier realidad que eventualmente pueda desbaratar su mundo pintado de color de rosa. Sin embargo, termina cosechando una felicidad de plástico —completamente artificial— que lo deja hueco y vacío.

Defectos egoicos

Adicción. La búsqueda constante de gratificación inmediata lo convierte en un adicto a todo aquello que le reporte placer y le aleje del dolor. Emplea todo tipo de parches —en forma de acciones, experiencias o sustancias— que consigan tapar su malestar interior. Tiene tendencia a consumir antidepresivos.

Banalidad. Es una persona frívola y banal que se siente cómoda haciendo planes multitudinarios y lúdicos, así como manteniendo conversaciones superficiales e intrascendentes. Es muy difícil hablar en serio con él. Suele ser el *payasete* y el graciosillo del grupo, utilizando el humor como un mecanismo de defensa.

Dispersión. Depende de estímulos externos positivos, agradables y placenteros para sentirse a gusto. O mejor dicho, para alejarse de cualquier sentimiento triste, atemorizante o angustioso. Su mente vuela como un cohete, convirtiéndolo en alguien disperso y distraído, totalmente enajenado de sí mismo.

Evasión. Vive anestesiado y huye permanentemente de sí mismo, mirando siempre hacia otra parte para escapar del miedo, la negatividad y el dolor. Se inventa realidades imaginarias donde solo pasan cosas buenas y positivas. Persigue utopías tremendamente luminosas para no ver el lado oscuro de la vida.

Exceso. Tiene tendencia a los excesos y al desenfreno. No importa lo que viva o lo que experimente. Ni tampoco lo que consuma o lo que sienta. Siempre quiere más. Cuando algo le proporciona placer no tiene límites. Es muy exagerado y lleva las cosas hasta el extremo. Y si puede, un poquito más allá.

Hedonismo. Es un hedonista profesional. Dedica su vida a experimentar el placer en todas sus formas y de todas las maneras habidas y por haber. Siempre está en búsqueda de nuevas vivencias excitantes y gratificantes. Padece *fomo*: miedo a perderse algo. Por eso tiende a decir «sí» a todos los planes que le proponen.

Hiperactividad. Va por la vida a 200 por hora. Y no para quieto ni un segundo del día. Es hiperactivo y está siempre muy ajetreado. No quiere tener ni un momento para pararse. Ni mucho menos para pensar. De ahí que se pase el día maquinando en su cabeza nuevos planes y actividades que hacer más adelante.

Inconstancia. Movido por su afán de aventura y novedad, tiende a empezar muchos proyectos y actividades. Eso sí, termina muy pocos. Es muy inconstante, le falta foco y tiene miedo al compromiso. Esencialmente porque se aburre con demasiada facilidad y enseguida está pensando en hacer cosas nuevas.

Inmadurez. Es un eterno Peter Pan, en el sentido de que no quiere hacerse mayor, pues asocia la edad adulta con las obligaciones, la rutina y el aburrimiento. Su inmadurez le lleva a alargar la etapa adolescente, eludiendo cualquier tipo de responsabilidad e intentando pasárselo bien y divertirse todo lo que puede.

Impaciencia. Es muy impaciente. Lo quiere todo ya. Principalmente porque cree que con lo que tiene no puede ser feliz. Y que solo lo será con lo que le falta. Tiende a vivir en el futuro, haciendo planes espectaculares en su cabeza y pensando que lo mejor está siempre por venir. No sabe estar en el aquí y ahora.

Ruido. Su mayor miedo es adentrarse en el silencio. Por eso abunda el ruido en su vida. Así evita escucharse a sí mismo. Suele quedar con mucha gente, con cuantas más personas mejor. Y cuando está con ellas, es muy charlatán. Lo cierto es que padece de incontinencia verbal. No calla. Ni escucha.

Resultados insatisfactorios

Aburrimiento. Siente dentro de sí mismo un profundo aburrimiento, el cual —en realidad— es puro horror al vacío. Esta es la razón por la que es incapaz de estar solo, en silencio, sin estímulos ni distracciones y haciendo nada. Por el contrario, busca cualquier excusa para estar todo el tiempo entretenido.

Estrés. Padece de mucho estrés. Principalmente porque tiene siempre muchos frentes abiertos y está envuelto en demasiados planes. En ocasiones se siente completamente desbordado por tratar de llegar a todo. Vive acelerado y tiende a ir con prisas. La lentitud le impacienta y la parsimonia le pone muy nervioso.

Euforia. Tiende a sobreexcitarse a sí mismo. Su cuerpo segrega cafeína y cocaína. Al sentir algo de placer o de bienestar, tiende a exagerarlo, sintiendo ciertas dosis de euforia. En caso de consumir alguna droga, esta sensación de alegría y de entusiasmo intensificada puede alcanzar cotas descomunales.

Gula. Es muy glotón y goloso. Utiliza la comida para tapar su ansiedad. Más que comer tiende a engullir demasiado deprisa. Es tan voraz e insaciable que nunca tiene suficiente ni se queda del todo satisfecho. Tiene gula de personas, experiencias y conocimientos. Siente una avidez literalmente infinita.

Insatisfacción. Suele ir con una sonrisa por la vida. Y *a priori* parece alguien alegre y contento. Pero en lo más hondo se siente muy insatisfecho e infeliz, incapaz de sentirse verdaderamente pleno y completo. La paradoja es que cuanto más desea y persigue la felicidad, más alejado se siente de ella.

Vacío. Siente un gran vacío en su corazón. Esencialmente porque tiene toneladas de dolor reprimido y enterrado. Y por más que lleve a cabo planes divertidos, viva experiencias positivas y consuma cosas placenteras, no consigue nunca llenar del todo el pozo sin fondo en el que se ha convertido su mundo interior.

Trastorno de personalidad

La excesiva identificación con el ego puede llevarlo a padecer el trastorno por déficit de atención con hiperactividad (TDHA). Y este se caracteriza por experimentar una enorme dificultad para mantener la mente focalizada en una sola cosa, pues enseguida salta a otra, distrayéndose con excesiva facilidad.

Ego espiritual

Al entrar en el ámbito del desarrollo personal tiende a alcanzar un punto en el que su evasión espiritual le lleva a utilizar la espiritualidad y la trascendencia para sublimar experiencias traumáticas y evitar sentir emociones dolorosas. A su vez tiende a poner un énfasis exagerado en el lado amable y optimista de la vida para no afrontar sus problemas mundanos. También puede caer en la gula de conocimientos, devorando un libro de autoayuda tras otro sin interiorizarlos ni digerirlos. Y acaba convirtiendo el pensamiento positivo en un prozac espiritual, empleándolo a modo de medicamento para sugestionarse sensaciones agradables con las que seguir tapando su vacío existencial.

Tríada

Forma parte de la tríada del pensamiento. Su manera de obtener apoyo y orientación para afrontar los retos de la vida es evadirse de la realidad, esperando que de alguna manera u otra todo acabe saliendo bien. Su principal interés consiste en probar cosas nuevas constantemente, creyendo que algún día encontrará aquello que definitivamente le haga sentirse seguro y satisfecho. Su intelectualidad se manifiesta manteniendo su mente siempre ocupada haciendo planes de futuro, sin acabar de disfrutar nunca del momento presente.

Alas

Puede estar influido por el ala 6, sintiendo también la sensación de inseguridad y desconfianza de este eneatipo. Es algo cobarde y dubitativo. Le cuesta tomar sus propias decisiones y tiende a buscar orientación en figuras de autoridad. Tiene muchos miedos y le da muchas más vueltas a las cosas, quedándose enganchado en bucles de pensamiento que le generan grandes dosis de nerviosismo y ansiedad. Tiende a ser más preocupado y pesimista, pensando en lo peor que puede pasar en el futuro para así poder estar preparado en caso de que suceda. Para profundizar más acerca del lado oscuro de esta ala es muy recomendable que interiorice la información relacionada con el ego del eneatipo 6.

También puede estar influido por el ala 8, sintiendo la sensación de vulnerabilidad e indefensión de este eneatipo. Es algo dominante, beligerante y agresivo. Tiene miedo a que los demás le hagan daño, lo controlen y lo sometan. De ahí que se ponga una coraza para protegerse, viviendo más a la defensiva y volviéndose más reactivo. Es más echado para adelante y no soporta que le digan lo que tiene que hacer. Y es adicto a la adrenalina, buscando experiencias muy intensas para canalizar la enorme cantidad de energía que rebosa en su interior. Para profundizar más acerca del lado oscuro de esta ala es muy recomendable que interiorice la información relacionada con el ego del eneatipo 8.

Si tiene las dos alas sentirá las heridas de los eneatipos 6 y 8, estando influido por la sombra de ambos tipos de personalidad.

Instintos

Conservación. Cuando este instinto está más exaltado el ego tiende a poner el foco de atención en sí mismo, teniendo pánico a la escasez de recursos con los que colmar sus deseos mundanos. Su gula está centrada en cualquier sustancia, experiencia u objeto que le proporcione placer inmediato a nivel físico y sensorial. Es excesivamente hedonista, aventurero y vividor: se relaciona con la vida como si fuera un pezón gigante, succionándolo para intentar llenar su vacío. Consume de forma insaciable e insostenible. También derrocha y despilfarra. Y aprovecha cualquier oportunidad —llegando incluso a hacer trampas— para amasar fortuna y conseguir lo que cree que necesita para sentirse lleno y satisfecho.

Sexual. Cuando tiene este instinto más pronunciado el ego tiende a poner el foco de atención en sus relaciones íntimas. Y en caso de tenerlos, en su pareja y en sus hijos. Intenta autoconvencerse de que su vida es maravillosa, mostrándose ante los demás como alguien que siempre está alegre y feliz. Parece que nada le afecta. Sin embargo, su actitud naif, cómica y despreocupada es parte de su estrategia inconsciente para evitar sufrir. Tiene gula de fantasías y utopías, desentendiéndose de las responsabilidades y obligaciones propias de un adulto. Busca constantemente nuevas aventuras y amores que le hagan sentir joven y vivo. Es muy promiscuo y tiene mucho miedo al compromiso.

Social. Cuando este instinto domina su personalidad el ego tiende a poner el foco de atención en la sociedad y en el mundo. En este caso reprime y anula su gula, aplazando la gratificación de sus deseos personales en pos de la consecución de un ideal más elevado. Le gusta enrolarse en muchos proyectos sociales y causas humanitarias para así huir de su dolor, ansiedad y tristeza. Esta aparente fachada de sacrificio y renuncia esconde la necesidad egoica de ser visto como una persona limpia, pura, angelical y estupenda. En la medida en que dichas actividades dejan de reportarle las recompensas egoicas esperadas, enseguida cambia a otras que lo mantengan nuevamente excitado y estimulado.

Descentramiento

Cuando se empacha de su propio ego puede descentrarse al eneatipo 1, conectando con la sensación de insuficiencia e imperfección. De pronto empieza a exigir(se) unos estándares de perfección en diferentes áreas y dimensiones de su vida. Y a frustrarse cuando las cosas no salen como esperaba. También se vuelve alguien dogmático e intransigente. Y movido por la ira se muestra crítico y prepotente con quienes le rodean, sermoneándoles para que piensen y se comporten como él considera que deberían. Para profundizar más acerca del descentramiento —y también de su lado oscuro—, es muy recomendable que interiorice la información relacionada con el ego del eneatipo 1.

También puede descentrarse al eneatipo 5, conectando con la sensación de ignorancia e incapacidad. En este caso se siente abrumado por la sociedad. Para protegerse de los peligros del mundo se encierra en su mente, creando una realidad todavía más ilusoria y abstracta. Y se aisla para evitar interacciones emocionales no deseadas. A su vez se vuelve más avaricioso, reteniendo su energía, sus recursos y su afecto por miedo a quedarse sin nada. Y se muestra frío y distante con quienes le rodean. Para profundizar más acerca del descentramiento —y también de su lado oscuro—, es muy recomendable que interiorice la información relacionada con el ego del eneatipo 5.

Crisis existencial

Llega un momento en el que la esclavitud egoica le hace sentirse profundamente vacío, imperfecto e incapaz. Es entonces cuando su nivel de insatisfacción e insaciabilidad alcanza cotas de oscuridad desorbitadas. Aniquilado por el aburrimiento, la impaciencia y el estrés está convencido de que todas las personas «son demasiado adultas, serias y aburridas». Que el mundo no satisface sus deseos y esperanzas de «diversión constante y gratificación inmediata». Y que en definitiva «el vacío que siente no se llena con nada». De tanto huir de su malestar se vuelve un yonqui de cualquier parche que lo anestesie de su dolor. En el caso de tocar fondo y despertar, finalmente se da cuenta de que se ha conformado con sucedáneos artificiales de felicidad. Esencialmente porque la dicha que anhela no se encuentra fuera, sino dentro.

El proceso de transformación

CLAVES PARA LIBERARSE DEL EGO Y RECONECTAR CON EL SER ESENCIAL DEL ENEATIPO 7

Desafío psicológico

Al empezar su proceso de autoconocimiento es inevitable que se pregunte: «¿Cómo voy a ser feliz si dejo de hacer planes y me permito sentir el dolor que hay en mi interior?». El error de fondo que plantea esta paradoja es que la verdadera felicidad no tiene ninguna causa externa —no procede de los estímulos que vienen de fuera—, sino que es una consecuencia de reconectar con el ser esencial. Y para poder experimentarla no le queda más remedio que pararse, abrazar el dolor reprimido y adentrarse en el incómodo vacío que siente dentro.

Centramiento

Para reconectar con el ser es fundamental que se centre al eneatipo 5, entrando en contacto con las cualidades esenciales de este tipo de personalidad. Para lograrlo le conviene tener más interés y curiosidad por aprender y reflexionar acerca de diferentes temas con una mayor seriedad. A su vez es muy centrante que se relacione con lo que sucede con objetividad y desapego, mostrándose impasible e imperturbable frente a lo que ocurre para preservar su bienestar interno. Para profundizar más acerca de su centramiento —y también de su lado luminoso—, es muy recomendable que interiorice la información relacionada con el proceso de transformación y la esencia del eneatipo 5.

También puede centrarse al eneatipo 1, manifestando las virtudes más luminosas de este tipo de personalidad. En este caso le resulta muy positivo aceptarse a sí mismo tal como es, aprendiendo a aceptar a los demás y al mundo tal como son. Y le hace mucho bien ser más disciplinado, terminando las cosas que empieza y cumpliendo los compromisos que adopta. De este modo se vuelve más responsable, eficiente y honrado, inspirando a través de su ejemplo a quienes le rodean. Para profundizar más acerca de su centramiento —y también de su lado luminoso—, es muy recomendable que interiorice la información relacionada con el proceso de transformación y la esencia del eneatipo 1.

Prácticas transformadoras

Sumergirse en el silencio. Es paradójico que aquello que más teme —el silencio— es lo que más le sana y le transforma. Su existencia está protagonizada por un constante y ensordecedor ruido mental. Para revertir este pensamiento frenético y compulsivo es fundamental que busque momentos para quedarse a solas, en silencio y poder así *nadear*. Es decir, hacer nada, practicando el arte de ser y estar. Es muy recomendable que dedique un rato cada día a sentarse en un banco —a poder ser en un entorno natural— para conectar consigo mismo. A partir de ahí lo único que tiene que *hacer* es respirar conscientemente, sintiendo y acogiendo con amor cualquier emoción que emerja desde sus profundidades. Cuanto más practique, más silencioso se volverá y más se relajará.

Abrazar el dolor. Otra práctica que ha de llevar a cabo es dejar de escapar de sí mismo. Y para lograrlo ha de aprender a parar. Solo así podrá *repararse*. Eso sí, cuando se queda quieto y sin estímulos externos, enseguida comienza a aburrirse. Es entonces cuando ha de armarse de valor para sostener su aburrimiento. Más que nada porque en el fondo es dolor reprimido. Y por más que huya este no va a irse a ninguna parte. El reto consiste en simplemente sentirlo. Nada más. A partir de ahí, es probable que le dé por llorar. Este llanto consciente tiene la función de extraer dicho dolor de dentro hacia fuera, liberándose de emociones largamente reprimidas. Y en ocasiones —de tanto llorar— puede que se quede vacío, pero con una agradable sensación de plenitud interna.

Liberarse de las adicciones. Al sentirse tan insatisfecho tiende a volverse adicto a diferentes parches, como la comida, la nicotina, el alcohol, la marihuana, la cocaína, el sexo, el móvil, los videojuegos, las apuestas y cualquier actividad que le genere adrenalina, placer o gratificación inmediata. Así es como se anestesia el dolor. Para poder transformarse ha de trascender sus adicciones, afrontando el síndrome de abstinencia. Es decir, sentir el conjunto de reacciones físicas y emocionales que afloran temporalmente al dejar de consumir aquello a lo que es adicto. Practicar la sobriedad no es una cuestión de renuncia, sacrificio ni de fuerza de voluntad. Deviene de forma natural cuando comprende que dichos hábitos son nocivos y perjudiciales para su salud.

Vivir en el presente. Una de las cosas que más le cuestan es estar verdaderamente presente. Está tan identificado con su mente y sus pensamientos que suele vivir allá y entonces. De ahí que —en su caso— practicar el *mindfulness* no sea una opción, sino una necesidad para estar centrado y focalizado en lo que está sucediendo momento a momento. Cultivar la atención plena pasa por ser consciente de su respiración, dándose cuenta de cómo inhala y de cómo exhala el aire. No importa lo que esté haciendo. En el instante en que toma consciencia del aquí y ahora, notará cómo el flujo mental se detiene, dejando automáticamente de pensar. Y al igual que un músculo se fortalece a base de entrenarlo, vivir en el presente es un hábito que se adquiere con la práctica.

Explorar el *jomo*. Otro de los grandes desafíos que ha de superar es confrontar y trascender el miedo a perderse algo —*fomo*—, un término que procede del inglés «fear of missing out». Esencialmente porque este temor le lleva a hacer demasiados planes, comprometerse con demasiadas personas y tener que estar en demasiados sitios a la vez, lo cual en ocasiones no solamente es físicamente imposible, sino mentalmente drenante. Su crecimiento espiritual pasa por comprender que menos no solo es más, sino que también puede ser mucho mejor. Esto es precisamente lo que propone el *jomo* —«joy of missing out»—, «la alegría de perderse algo». Para experimentarlo el primer paso consiste en saber estar verdaderamente a gusto consigo mismo.

Aprovechar el sufrimiento. Para poder transformarse ha de dejar de temer, negar y banalizar el sufrimiento, aprovechándolo para evolucionar espiritualmente. No en vano tiene la función de confrontar su ignorancia e inconsciencia, cuestionando su sistema de creencias. Sufrir es una invitación para salir de la zona de confort y dejar de evadirse. También le sirve para estar más en contacto con la realidad de la existencia, la cual no tiene nada que ver con las fantasías naifs e idealizaciones utópicas que suele imaginarse en su mente. A su vez es fundamental que mantenga conversaciones serias y profundas con personas de confianza acerca del lado oscuro, negativo y doloroso de la condición humana. Solo así se volverá una persona verdaderamente adulta y madura.

Dedicar tiempo a la lectura. Una de las prácticas que más lo centran es la lectura. Esencialmente porque se trata de una actividad que suele hacer estando solo, en silencio, de manera tranquila y que requiere de concentración. Eso sí, más allá de leer novelas para entretenerse, se le recomienda que lea ensayos de autoconocimiento, los cuales favorecen la introspección. Este tipo de libros no solo son una puerta de entrada a su mundo interior, sino que le permiten comprender mucho mejor la forma de gestionar emociones incómodas y desagradables. Además, en la medida en que se conoce mejor, se siente más capacitado para compartir su malestar con sus seres queridos. Y también para acompañarlos emocionalmente cuando estos lo necesiten.

Entrenar la constancia. Otra de las cosas que más le ayudan a evolucionar es hacer menos planes y quedar con menos personas, priorizando la calidad en detrimento de la cantidad. Para lograrlo ha de saber qué es lo que genuinamente le gusta, le interesa, le motiva y le hace sentir pleno. A partir de ahí, cada vez que le propongan alguna actividad es fundamental que evite decir «sí» compulsivamente. Ha de aprender a ponderar acerca de lo que le da versus lo que le quita. Y solo comprometerse si es algo que realmente quiere hacer y le llena de verdad. Al tener más claras sus prioridades y poner más en valor su tiempo y energía, gozará de mucha más determinación y constancia. Y le resultará mucho más fácil acabar lo que empieza.

Afirmaciones eneagrámicas

Para reprogramar la mente y limpiar su subconsciente, es necesario que se repita las siguientes afirmaciones hasta que se conviertan en su nueva realidad:

- Me siento lleno y completo por mí mismo.
- Acepto que el dolor forma parte de la vida.
- Necesito el silencio para conectar conmigo.
- Sostengo los procesos emocionales de los demás.
- Vivo de forma presente en el aquí y ahora.
- Me escucho a mí mismo con frecuencia.
- Comprendo que está bien aburrirse de vez en cuando.
- Aprovecho el sufrimiento para crecer y madurar.
- En la quietud siento paz y tranquilidad.
- Ahora mismo me siento feliz y satisfecho.

Anatomía del ser esencial

CÓMO SE MANIFIESTA EL ENEATIPO 7 CUANDO ESTÁ CONECTADO CON SU VERDADERA ESENCIA

Características arquetípicas del ser

Abundante. Afortunado. Agradecido. Alegre. Ameno. Aventurero. Atento. Dinámico. Divertido. Entusiasta. Espontáneo. Feliz. Gracioso. Jovial. Maduro. Optimista. Placentero. Pleno. Pletórico. Positivo. Presente. Rápido. Satisfecho. Silencioso. Simpático. Sobrio. Sonriente. Versátil. Viajero. Vital.

Reconexión con la esencia

Cuando reconecta con su verdadera esencia experimenta nuevamente lo que sentía mientras estaba en el estado intrauterino: alegría total, satisfacción incondicional, plenitud completa y abundancia absoluta.

Percepción neutra

Al liberarse del ego y desidentificarse de la mente adquiere una visión esencial, neutra y sabia de la realidad, la cual le posibilita verse a sí mismo como lo que verdaderamente es: un ser inherentemente feliz y pleno. Se da cuenta de que lo único que necesita para estar bien consigo mismo es vivir conectado y saber disfrutar del momento presente. Y que para ello es fundamental cultivar el silencio, la quietud y la atención plena. También toma consciencia de que no hay que tener miedo del dolor ni del sufrimiento, pues son dos grandes aliados en su proceso de aprendizaje, crecimiento y maduración.

Motivación trascendente

Su principal motivación es sentirse a gusto y satisfecho por sí mismo, sin necesidad de sustancias, distracciones, actividades ni estímulos externos. Y desde ahí, disfrutar plenamente de todas las oportunidades y experiencias maravillosas que le ofrece la vida. También quiere celebrar con alegría el regalo de estar vivo, valorando y dando gracias por las pequeñas grandes cosas que forman parte de su día a día. A su vez pretende compartir su entusiasmo y felicidad con quienes le rodean —especialmente con quienes más lo necesitan—, llenando el mundo de optimismo, positividad y sonrisas.

Cualidades esenciales

Abundancia. Es una persona muy abundante y próspera espiritualmente. Siente que tiene mucho más de lo que necesita para sentirse feliz. Le encanta compartir su bienestar, su alegría y su entusiasmo con otras personas, favoreciendo que estas se sientan mucho mejor consigo mismas.

Agradecimiento. Se siente muy agradecido por todas las experiencias adversas y dolorosas que ha vivido a lo largo de su vida, pues sabe que son precisamente la que le han permitido descubrir la felicidad dentro de sí mismo. Y valora muchísimo lo que tiene y se siente una persona inmensamente afortunada.

Dinamismo. Es muy dinámico y le gusta estar activo. Sabe que el movimiento es vida. De ahí que le encante organizar planes que le conecten de verdad, impulsando un ocio consciente, natural y constructivo. Se le da muy bien liderar actividades al aire libre que posibiliten experiencias muy enriquecedoras.

Disfrute. Sabe disfrutar como nadie de la vida. Eso sí, sin caer en los excesos, los vicios ni las adicciones. Es un viajero y un aventurero nato, con ganas de seguir explorando el mundo, viviendo nuevas experiencias que expandan su forma de pensar y enriquezcan su manera de comprender la existencia.

Humor. Es muy divertido, gracioso y ocurrente. Desborda simpatía, espontaneidad y sentido del humor. Cuando está rodeado de gente hace que dichos encuentros sean mucho más amenos y entretenidos. Da gusto estar cerca de él, pues llena el lugar en el que se encuentra de buenas vibraciones.

Madurez. Entiende que el dolor forma parte de la vida, siendo capaz de sostener emociones muy intensas y desagradables sin necesidad de tomar ningún tipo de antidepresivo. También sabe utilizar el sufrimiento para cuestionar su forma de pensar y de vivir, aprovechándolo para evolucionar en consciencia y sabiduría.

Optimismo. Si bien es una persona realista que no niega el lado oscuro y negativo de la condición humana, tiende a mirar las cosas con optimismo, extrayendo siempre algún beneficio de todo lo que le depara la vida. También irradia una energía positiva muy contagiosa allá donde va.

Presencia. Tiene facilidad para cultivar la atención plena, observando la mente y desidentificándose de los pensamientos. Suele estar muy conectado con el instante presente, viviendo con consciencia lo que sucede aquí y ahora. Y como consecuencia sabe disfrutar intensamente de cada momento.

Silencio. Se siente a gusto en el silencio y cómodo en la quietud. Necesita dedicar un rato cada día a hacer nada para reconectar consigo mismo y cargar las pilas. Le gusta especialmente practicar la contemplación activa —a poder ser en medio de la naturaleza—, disfrutando del gozo que le proporciona respirar y relajarse.

Versatilidad. Tiene una mente muy ágil y rápida, capaz de procesar mucha información en poco tiempo. Tiene una gran habilidad para el *multitasking*, pudiendo hacer varias cosas al mismo tiempo con eficacia. Y su enorme versatilidad le permite adaptarse y ejecutar con éxito diferentes funciones.

Vitalidad. Es una persona con una vitalidad extraordinaria. Lo cierto es que goza de una energía exuberante y desbordante. Se siente tan vivo que tiende a sentirse mucho más joven de la edad que tiene. Está muy conectado con su niño interior. Le encanta el deporte y suele hacer ejercicio físico con regularidad.

Resultados satisfactorios

Entusiasmo. Vive con entusiasmo, sintiendo un auténtico gozo por notar cómo la vida crea a través suyo. Esta es la razón por la que le acompaña un sentimiento de alegría. Y por la que en muchos momentos se siente pletórico. Sonríe a menudo sin ningún motivo aparente, simplemente por el mero placer de sonreír.

Felicidad. Se siente feliz por el simple hecho de estar vivo. Su satisfacción procede directamente de la conexión profunda que mantiene con el ser esencial. Tiene muchos momentos en los que siente una verdadera plenitud, sintiendo que todo está bien y que no le falta absolutamente de nada.

Sobriedad. Dado que no tiene ningún agujero que tapar ni ningún dolor del que huir, no requiere de ningún tipo de parche con la que evadirse. Practica la sobriedad y la moderación, totalmente libre de cualquier adicción. Al sentirse genuinamente a gusto no necesita de estímulos externos para ser feliz.

Alas

Puede estar influido por el ala 6, mostrándose más seguro, valiente y confiado. Eso sí, dicho arrojo siempre va acompañado de cierta previsión y cautela, ponderando muy bien los riesgos que asume a la hora de tomar decisiones importantes. Es muy fiel y leal a sus amigos. Por dentro es sólido y consistente. Goza de valores muy claros a la hora de orientarse por la vida, sin necesidad de guías ni referentes externos. Y es muy noble y fiable: es incapaz de traicionar a sus personas de confianza. Para profundizar más acerca del lado luminoso de esta ala es muy recomendable que interiorice la información relacionada con el ser esencial del eneatipo 6.

También puede estar influido por el ala 8, mostrándose más líder, fuerte y poderoso. Es muy tierno con sus seres queridos, a quienes muestra su lado más vulnerable. Y suele emanar un magnetismo muy potente. Goza de una voluntad de hierro, capaz de conseguir cualquier cosa que se proponga. Tiene facilidad para perdonarse a sí mismo, así como para perdonar a quienes se equivocan, viviendo libre de culpa y rencor. Su sentido de la justicia es objetivo y magnánimo. Y en situaciones límite se crece, sacando lo mejor de sí mismo. Para profundizar más acerca del lado luminoso de esta ala es muy recomendable que interiorice la información relacionada con el ser esencial del eneatipo 8.

En caso de tener las dos alas, contará con ciertas cualidades esenciales de los eneatipos 6 y 8, estando influido por la luz de ambos tipos de personalidad.

Niveles de desarrollo

Pongamos que se muere su padre. Si interpreta esta situación desde un nivel de desarrollo insano restará importancia a lo sucedido y huirá de sus seres queridos para no tener que lidiar con su tristeza. Tampoco se podrá contar con él para gestionar los trámites *post mortem*. En el caso de percibir este hecho desde un nivel de desarrollo medio, evitará hacer el proceso de duelo, montando muchos planes gratificantes para no sufrir. Y si se relaciona con dicho acontecimiento desde un nivel de desarrollo sano se permitirá sentir cualquier emoción que emerja desde su interior, llorando conscientemente la muerte de su progenitor y sosteniendo con madurez el dolor de los demás miembros de su familia.

XVII

ENEATIPO 8: EL PODER DE LA VULNERABILIDAD

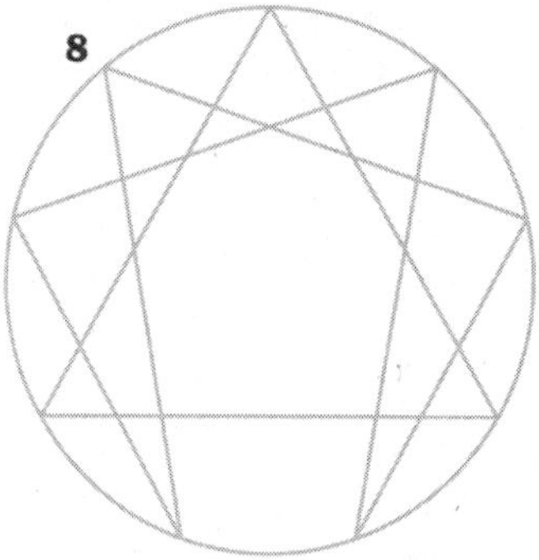

Cuando está identificado con el ego el eneatipo 8 se siente indefenso y vulnerable. Al tener miedo a que le hagan daño vive tras una coraza. Es alguien muy autoritario, combativo e intimidante. Intenta dominar y controlar a quienes le rodean. Y al no conseguirlo se vuelve agresivo. Su aprendizaje pasa por transformar su culpabilidad en inocencia, comprendiendo que nadie ni nada pueden herirle emocionalmente sin su consentimiento. Y esto pasa por perdonarse a sí mismo, abrazar a su niño interior y cultivar la comunicación no violenta. Al reconectar con el ser esencial se convierte en una persona líder, tierna e inofendible que sabe cómo empoderar a los demás. Y como resultado va por la vida con fortaleza y vulnerabilidad, desprovisto de cualquier armadura.

Radiografía del ego

CÓMO SE MANIFIESTA EL ENEATIPO 8 CUANDO ESTÁ CONDICIONADO POR SU LADO OSCURO

Características arquetípicas del ego

Agresivo. Amenazador. Autoritario. Castigador. Combativo. Conflictivo. Controlador. Cruel. Culpable. Desafiador. Despiadado. Déspota. Destructivo. Dictador. Dominante. Duro. Explosivo. Intimidante. Justiciero. Lujurioso. Rabioso. Reactivo. Rencoroso. Sádico. Temerario. Temido. Territorial. Tirano. Vengativo. Violento.

Herida de nacimiento

La separación y desconexión del ser esencial provoca que en lo más profundo sienta que es muy débil y frágil. Y como consecuencia le invade una sensación de indefensión y vulnerabilidad. Es entonces cuando siente que tiene que volverse duro y fuerte para que los demás no lo sometan. También siente que tiene que protegerse para que nadie le haga daño.

Percepción neurótica

Su visión egoica, subjetiva y distorsionada de la realidad le hace estar convencido de que es demasiado vulnerable. Considera que toda relación humana es una lucha despiadada entre dominar o ser dominado. Y que los demás tienen la capacidad de hacerle sufrir a través de sus palabras y sus acciones. Al sentirse tan indefenso, débil y frágil, cree que tiene que protegerse tras una coraza. Por eso vive tan a la defensiva. A su vez piensa que el mundo es una selva repleta de depredadores, donde solo sobreviven y prosperan los más duros y fuertes.

Motivación egocéntrica

Su principal deseo es ser poderoso. Movido por su instinto de supervivencia egoico hace todo lo que está en su mano para alcanzar una posición destacada dentro de la jerarquía social en la que se desenvuelve. Tiende a mostrarse como una persona a la que temer, por la que sentirse intimidado y, en definitiva, con la que se debe ir con mucho cuidado. Y no duda en pelear ferozmente por hacerse con el poder, de manera que pueda mandar y controlar a quienes le rodean.

Defectos egoicos

Agresividad. Tiende a actuar de manera agresiva cuando se siente amenazado o atacado por alguien. Lo cierto es que se enciende con mucha facilidad. Y cuando conecta con la rabia suele fulminar a los demás con la mirada. Cree que la mejor defensa es un buen ataque. Y puede llegar a adoptar conductas violentas.

Autoritarismo. Le gusta estar al mando de cualquier situación y salirse siempre con la suya. Tiene madera de tirano y dictador. Quiere que las cosas se hagan como él quiere y cuando él quiere. No soporta que le digan lo que tiene que hacer. Cree que puede con todo y con todos. Y no se doblega ante nadie ni ante nada.

Castigo. Cuando considera que alguien se ha equivocado, no ha sido justo con él o le ha hecho daño emocionalmente se siente legitimado para castigarlo. Y este mecanismo también funciona a la inversa: cuando cree que ha actuado de la misma forma con otros se castiga a sí mismo con mucha dureza.

Conflicto. Vive la vida con una actitud hostil, combativa, guerrera y beligerante. Siempre va *armado*. Y como consecuencia suele entrar en conflicto con quienes se interponen en su camino, a quienes ve como enemigos. Quiere que todo el mundo sepa que es invencible y que nadie nunca va a poder pararle los pies.

Confrontación. Suele ser una persona confrontante, desafiante e intimidante que impone mucho respeto. Su simple presencia intimida. Y cuando está enfadado da miedo. También intuye fácilmente cuando alguien está siendo hipócrita. Y tiende a pinchar a quien tiene delante para saber de qué pasta está hecho.

Control. Es adicto al control. Le gusta ser el amo y señor de cualquier situación. Es una persona muy calculadora que tiende a someter a los demás —muchas veces sin que se den cuenta— para que cumplan su voluntad. Y en caso de no conseguirlo actúa de forma déspota, abusiva y coercitiva.

Crueldad. Aunque jamás lo muestre es muy rencoroso. En caso de que alguien le hiera —tanto a él como a alguno de sus seres queridos— suele contraatacar de forma despiadada. Y cuando está muy descentrado puede llegar a comportarse de forma cruel, intentando dañar a su agresor en donde más le duele.

Destrucción. Cuando siente que no puede conseguir lo que quiere tiende a manifestar conductas destructivas, intentando demoler aquello que le impide satisfacer sus deseos. También suele adoptar comportamientos autodestructivos para sublimar su sentimiento de culpabilidad por actuar de esa forma.

Reactividad. Vive agazapado tras un escudo protector. Y al tener tanto miedo a ser herido y controlado está siempre a la defensiva. De ahí que sea extremadamente reactivo, saltando de forma explosiva y atacando enseguida a la yugular de quien cree que le está intentando someter o hacer daño.

Temeridad. Es una persona temeraria que no tiene ningún tipo miedo al peligro ni de aversión al riesgo. Le excita buscar sus propios límites, llegando incluso a poner en juego su integridad física. Le gusta retar y desafiar a los demás a que hagan lo mismo. Respeta a las personas osadas.

Territorialidad. Es muy territorial y defiende lo que considera suyo con ferocidad. Se siente el jefe de su clan, al que protege como si fuera el capo de la mafia: o estás con él o contra él. No deja entrar a nadie en su círculo íntimo de confianza hasta que verifica que se trata de alguien inofensivo.

Resultados insatisfactorios

Culpa. Culpa a los demás de su malestar. Y a su vez se siente culpable por el sufrimiento que cree que ha causado a otras personas. Le cuesta muchísimo perdonar a quien cree que le ha herido emocionalmente. Y todavía más perdonarse a sí mismo por el daño que considera que ha infligido a otros.

Debilidad. No acepta su lado sensible y detesta sentirse débil; lo que menos soporta es verse como alguien frágil y vulnerable. Por eso tiende a mostrarse duro, fuerte e implacable. Y frente a cualquier litigio o disputa suele ponerse de parte de quien considera más flojo e indefenso.

Lujuria. Siente mucha lujuria, la cual se manifiesta como un deseo y una actividad sexual exacerbada. Tiende a utilizar el sexo para sublimar emociones reprimidas. También canaliza esta búsqueda de intensidad tratando de expandirse y conseguir más dominio y poder sobre los demás.

Rabia. Cuando no consigue lo que quiere —o alguien se atreve a confrontarlo— siente una rabia de lo más explosiva. Literalmente sus ojos empiezan a arder en llamas. Y parece que se le asoman los colmillos, listo para atacar. Cegado por la furia pierde su capacidad de empatizar, poniéndose en modo ataque.

Sadismo. Cuando se siente herido y está muy descentrado puede caer en el sadismo, disfrutando de la humillación y del dolor causado a su agresor. En tal caso, tiende a deshumanizar a la persona a la que está agrediendo para permitirse ser cruel y despiadado, convenciéndose a sí mismo de que se lo merece.

Venganza. Cuando alguien le ha hecho daño —o se ha comportado de forma injusta con él— enseguida siente el deseo de vengarse. Y empieza a pensar el modo en el que podría devolverle dicha injuria. Eso sí, en mayor proporción que la recibida. Confunde su afán vengativo con hacer justicia.

Trastorno de personalidad

La excesiva identificación con el ego puede llevarlo a padecer el trastorno psicópata. Y este se caracteriza por ignorar y violar los derechos ajenos, manipulando e hiriendo a quienes no se someten a su voluntad. Y también por carecer de empatía, mentir con frecuencia y no mostrar remordimientos.

Ego espiritual

Al entrar en el ámbito del desarrollo personal tiende a caer en la lujuria espiritual, asistiendo a diferentes retiros y *ashrams* para conectar sexualmente con otros buscadores y canalizar sus ansias de intensidad. Tiende a ocupar posiciones de poder o de liderazgo dentro de alguna comunidad espiritual. Y desde ahí suele emplear diferentes herramientas y técnicas esotéricas para manipular las mentes y conquistar las almas de personas más débiles y maleables. Y a poder ser vaciarles también los bolsillos. En definitiva, utiliza el ámbito de la trascendencia para imponer su voluntad sobre los demás y satisfacer de forma oculta sus necesidades mundanas.

Tríada

Forma parte de la tríada del instinto. Su manera de conquistar la libertad, la autonomía y la independencia es yendo a la suya, imponiéndose con autoritarismo y beligerancia con quien se atreva a desafiarle. Su falta de serenidad lo convierte en una persona reactiva y conflictiva. Su visceralidad se manifiesta intentando controlar y dominar a los demás mediante la confrontación, la amenaza y la fuerza. Y en caso de chocar con alguien tiende a sacar la ira hacia fuera a través de la agresividad y —en casos extremos— la violencia.

Alas

Puede estar influido por el ala 9, sintiendo también la sensación de negación y no ser bienvenido de este eneatipo. Tiende a ser algo apático, perezoso e indolente. Esencialmente porque suele anularse como persona, creyendo que no se merece que le pase nada bueno. Reprime mucho más sus impulsos y tiende a ser más pasivo agresivo, acumulando dosis de rabia en su interior de forma inconsciente. Es bastante menos conflictivo y a la hora de interactuar con los demás suele pasar mucho más desapercibido, quedándose en un segundo plano. Para profundizar más acerca del lado oscuro de esta ala es muy recomendable que interiorice la información relacionada con el ego del eneatipo 9.

También puede estar influido por el ala 7, sintiendo la sensación de vacío e insatisfacción de este eneatipo. Tiende a ser algo acelerado, impaciente e hiperactivo. Para sentirse bien necesita estar permanentemente sobreestimulado con emociones fuertes e intensas. Requiere de cierta dosis de adrenalina para sentirse vivo. Tiene mucha gula de comida, conocimientos y experiencias gratificantes. Es insaciable y nunca se siente del todo satisfecho. Le cuesta mucho lidiar con el dolor. Y suele volverse adicto a algún tipo de sustancia o actividad. Para profundizar más acerca del lado oscuro de esta ala es muy recomendable que interiorice la información relacionada con el ego del eneatipo 7.

Si tiene las dos alas sentirá las heridas de los eneatipos 9 y 7, estando influido por la sombra de ambos tipos de personalidad.

Instintos

Conservación. Cuando este instinto está más exaltado el ego tiende a poner el foco de atención en sí mismo, en los recursos que necesita para sobrevivir, así como en las cosas que quiere para sentirse satisfecho. Su lujuria es terrenal, material y económica. Está centrada en tener todo lo necesario para gozar de absoluta independencia financiera, no teniendo que depender de nadie ni responder ante otros. Cree que el dinero es poder. Y se siente con el derecho de imponerse sobre quien se interponga entre su deseo y él. No se le pasa por la cabeza no conseguir lo que quiere. Está empeñado en salirse siempre con la suya como sea y a costa de quien sea. Y utiliza las amenazas para conseguirlo.

Sexual. Cuando tiene este instinto más pronunciado el ego tiende a poner el foco de atención en sus relaciones íntimas. Y en caso de tenerlos, en su pareja y en sus hijos. Es muy seductor y goza de mucho magnetismo animal y atractivo sexual. Su lujuria la canaliza especialmente a través del sexo. Desea poseer, controlar e incluso fagocitar a sus amantes y compañeros sentimentales, estableciendo juegos de poder basados en el dominio y la sumisión del otro. Se comporta un poco el chico malo de la peli: le atrae mucho lo ilegal, lo amoral, lo prohibido y lo tabú. Es muy salvaje y se desenvuelve como un depredador en busca de presas a las que cazar, conquistar y someter.

Social. Cuando este instinto domina su personalidad el ego tiende a poner el foco de atención en la sociedad y en el mundo. Su lujuria se manifiesta a través de la ambición por establecerse y expandirse en posiciones de poder, influencia y liderazgo. Quiere formar parte de la élite de la pirámide social que mueve los hilos desde la sombra, pudiendo así controlar y manipular al resto de la gente. Para lograrlo busca alianzas estratégicas con personas poderosas, presentándose como un lobo disfrazado de cordero. Una vez arriba, siente debilidad por ayudar a los desvalidos y liberar a los oprimidos. Y está dispuesto a hacer cualquier cosa para lograr sus objetivos, pues cree que el fin justifica los medios.

Descentramiento

Cuando se empacha de su propio ego puede descentrarse al eneatipo 5, conectando con la sensación de ignorancia e incapacidad. Cansado de tanto pelearse con los demás, de pronto se siente incapaz de vivir en el mundo. De ahí que decida aislarse de la sociedad por un tiempo, encerrándose en su *cueva* y pasando mucho tiempo solo para no sentirse abrumado por emociones ajenas. A su vez se vuelve mucho más distante, frío y hermético, totalmente indiferente a lo que le pase al resto de la gente. Para profundizar más acerca del descentramiento —y también de su lado oscuro—, es muy recomendable que interiorice la información relacionada con el ego del eneatipo 5.

También puede descentrarse al eneatipo 2, conectando con la sensación de abandono y falta de amor. En este caso al sentirse tan poco querido tiende a echar en cara todo lo que ha hecho por ellos, mostrándose mucho más demandante y necesitado. También se comporta de forma soberbia y orgullosa, siendo incapaz de reconocer y asumir sus propios errores. Y al sentirse superior a los demás suele entrometerse en vidas ajenas, estableciendo relaciones paternalistas y de codependencia. Para profundizar más acerca del descentramiento —y también de su lado oscuro—, es muy recomendable que interiorice la información relacionada con el ego del eneatipo 2.

Crisis existencial

Llega un momento en el que la esclavitud egoica le hace sentirse profundamente vulnerable, incapaz y abandonado. Es entonces cuando su nivel de control y tiranía alcanza cotas de oscuridad desorbitadas. Destruido por la culpa, la rabia y la agresividad está convencido de que todas las personas son «enemigos en potencia». Que el mundo es «una jungla llena de depredadores». Y que en definitiva la vida es «injusta y hostil». Está tan convencido de que los demás le van a hacer daño que está constantemente luchando y entrando en conflicto con quienes le rodean. En el caso de tocar fondo y despertar, finalmente se da cuenta de que nadie tiene el poder de herirle emocionalmente sin su consentimiento. Esencialmente porque la causa de su sufrimiento no es lo que pasa, sino su reacción egoica frente a lo que sucede.

El proceso de transformación

CLAVES PARA LIBERARSE DEL EGO Y RECONECTAR CON EL SER ESENCIAL DEL ENEATIPO 8

Desafío psicológico

Al empezar su proceso de autoconocimiento es inevitable que se pregunte: «¿Cómo puedo evitar que me hagan daño si suelto la coraza y dejo de controlar?». El error de fondo que plantea esta paradoja es que si bien los demás pueden agredirlo físicamente, a nivel emocional es imposible que le hieran. De ahí la inutilidad de protegerse tras una armadura. Por otro lado, en realidad no tiene ningún control sobre nada ni sobre nadie, con lo que a lo único que ha de renunciar es a la ilusión de que controla algo. Solo entonces puede empezar a fluir.

Centramiento

Para reconectar con el ser es fundamental que se centre al eneatipo 2, entrando en contacto con las cualidades esenciales de este tipo de personalidad. Para lograrlo le conviene cuidarse y amarse, entrando en la vida de los demás con verdadera vocación de servicio. Y también actuar con genuina humildad, desprendiéndose de sí mismo. A su vez es muy centrante que conecte con causas sociales y humanitarias, saliendo a relucir su lado más altruista, generoso y filantrópico. Para profundizar más acerca de su centramiento —y también de su lado luminoso—, es muy recomendable que interiorice la información relacionada con el proceso de transformación y la esencia del eneatipo 2.

También puede centrarse al eneatipo 5, manifestando las virtudes más luminosas de este tipo de personalidad. En este caso le resulta muy positivo mostrarse mucho más prudente y reflexivo. Le hace mucho bien estar abierto a aprender cosas nuevas para desenvolverse con más inteligencia en el mundo. Y también desapegarse de su mente, adquiriendo una visión más lúcida y objetiva de la realidad que le permita volverse impasible e imperturbable frente a lo que le sucede. Para profundizar más acerca de su centramiento —y también de su lado luminoso—, es muy recomendable que interiorice la información relacionada con el proceso de transformación y la esencia del eneatipo 5.

Prácticas transformadoras

Abrazar al niño interior. Debajo de su coraza se esconde un niño indefenso que arrastra heridas generadas en su infancia. Por aquel entonces era un chaval muy ingenuo y vulnerable, que se relacionaba con el mundo sin ningún escudo protector. Pero algo sucedió cuando era pequeño. Abusos físicos. Maltratos psicológicos. La muerte de alguien de su familia. La separación de sus padres. *Bullying* en la escuela... Sea lo que fuere que ocurrió perdió de golpe su inocencia, considerando que necesitaba protegerse tras un escudo para no sucumbir en un mundo gobernado por «la maldad y la injusticia». Para poder sanar es fundamental que abrace a ese niño interior herido que sigue habitando en su corazón, haciéndole saber que ya no necesita ir armado por la vida.

Soltar la culpa. Otro de los grandes desafíos que ha de superar es dejar de culpar a los demás y a sí mismo. Se trata de una conducta egoica y destructiva que no le aporta ningún resultado positivo. Y que no tiene ninguna razón de ser. Principalmente porque todo el mundo lo hace lo mejor que sabe en base a su nivel de consciencia y su estado de ánimo en un momento dado. Además, es necesario cometer errores, pues estos son los que posibilitan el desarrollo espiritual. Y no solo eso: es absolutamente imposible que las cosas hubieran sido de forma diferente a como se han producido. De ahí que no tenga ningún sentido buscar culpables. Es muy recomendable que elimine la palabra «culpa» de su vocabulario. Y que la sustituya por «responsabilidad».

Perdonarse a sí mismo. Su proceso de transformación pasa por practicar el perdón. No en vano tiene un largo historial de conflictos con gente de su entorno más cercano. Para lograrlo ha de discernir en qué se equivocó en cada uno de estos desencuentros. Y asumir su parte de responsabilidad por haber cocreado dichos encontronazos. A partir de ahí es fundamental que se mire con compasión, entendiendo el dolor y la inconsciencia que le llevaron a actuar de esa manera. Al perdonarse a sí mismo está capacitado para hacer este mismo proceso con los demás, perdonándolos en su fuero interno por entender que no les movió la maldad, sino la ignorancia. Y más aún, atreverse a pedir genuinamente disculpas, mirándolos a los ojos mientras les expresa un sincero «lo siento».

Aceptar la vulnerabilidad. Cuando malvive identificado con el ego está convencido de que los demás son la causa de su sufrimiento. De ahí que haga todo lo posible por blindar su lado tierno y vulnerable. Y si bien esta coraza le aporta una falsa sensación de protección, llevarla puesta conlleva pagar un precio muy caro: le impide conectar e intimar a un nivel profundo. Su sanación pasa por aceptar su vulnerabilidad, comprendiendo que la causa de su perturbación no tiene nada que ver con lo que otros dicen o hacen, sino con su reacción impulsiva. El cuchillo que lo hiere está dentro —en su mente— y no fuera —en la gente—, como ha venido creyendo. Su liberación pasa por entender que los otros nunca le han hecho daño a nivel emocional.

Cultivar la comunicación no violenta. Otro aprendizaje vital consiste en aprender a abordar los conflictos con armonía, comunicándose sin agresividad ni violencia. O dicho de otra forma: con empatía y asertividad. Para lograrlo ha de ser consciente de cuál es su estado de ánimo antes de acudir a dichos encuentros. Y en caso de no estar centrado, posponerlos. Esencialmente porque para lidiar con el conflicto de forma pacífica uno tiene que venir apaciguado de casa primero. También ha de empatizar con el otro, entendiendo las razones que lo llevan a actuar de la manera en la que lo hace sin juzgarlo. Y a partir de ahí, permitir que ambas partes expresen con respeto y honestidad qué es lo que quieren y necesitan, encontrando juntos una salida que beneficie a ambos.

Practicar la mimoterapia. Para poder sanar también es muy recomendable que practique la mimoterapia. Se trata del arte de cuidar, mimar y amar genuinamente a sus seres queridos, dedicando tiempo y espacio a potenciar el cariño, el afecto y la ternura. Para ello es importante que se atreva a bajar la guardia de vez en cuando, conectando con su corazón y expresando sus sentimientos más profundos. Solo así descubrirá que no hay nada más poderoso, sanador y transformador que el verdadero amor. Y este consiste en desear la felicidad ajena, haciendo lo posible por atender y satisfacer las necesidades de los demás. Al actuar de este modo verifica empíricamente que lo que le hace a los demás en realidad se lo está haciendo a sí mismo.

Trascender la injusticia. Para poder transformarse ha de cuestionar su visión de injusticia, pues suele considerar «injusto» cualquier acontecimiento que dificulte —o directamente imposibilite— la satisfacción de sus deseos. También ha de confrontar su sentido de justicia, el cual vincula con el acto de vengarse de aquellas personas que de algún modo u otro le han dañado o perjudicado. En tales casos tiende a llevar a cabo actos todavía más perjudiciales y dañinos que los acometidos por sus supuestos enemigos o agresores. Su sanación pasa por comprender que la vida no está regida por la injusticia, sino por la correspondencia: cada quien es correspondiente con aquello que vive para poder trascender su propio ego y evolucionar espiritualmente.

Liderar conscientemente. Otro de los mayores retos que tiene es dejar de comportarse como un jefe autoritario y convertirse en un líder consciente. Es decir, cambiar el ordeno y mando por la entrega y el servicio. Y es que el verdadero poder no consiste en dominar ni controlar a los demás, lo cual es en sí mismo otra forma de esclavitud. Por el contrario, se trata más bien de autogobernarse para ser dueño de sí mismo. Ahí radica su verdadera libertad. Así, en vez de reaccionar impulsiva y visceralmente frente a los estímulos externos, ha de aprender a responder libre y voluntariamente. Y para ello no le queda más remedio que domar a su fiera interna, encauzando su energía de forma constructiva y creativa. Y dedicar su existencia a aportar un bien a los demás.

Afirmaciones eneagrámicas

Para reprogramar la mente y limpiar su subconsciente, es necesario que se repita las siguientes afirmaciones hasta que se conviertan en su nueva realidad:

- Estoy en paz con los demás y con la vida.
- Sé que el mundo es un lugar amable y acogedor.
- La vulnerabilidad es mi fortaleza.
- Soy capaz de rendirme y fluir con lo que suceda.
- Me perdono a mí mismo por los errores que he cometido.
- Muestro a otros mi lado tierno y cariñoso.
- Aceptar mis debilidades me hace más fuerte.
- Me hago responsable de mis emociones.
- Perdono a los demás por los errores que han cometido.
- Soy poderoso porque soy dueño de mí mismo.

Anatomía del ser esencial

CÓMO SE MANIFIESTA EL ENEATIPO 8 CUANDO ESTÁ CONECTADO CON SU VERDADERA ESENCIA

Características arquetípicas del ser

Benévolo. Bienhechor. Constructivo. Defensor. Directo. Dulce. Empoderado. Fuerte. Indulgente. Inocente. Inofendible. Inofensivo. Intuitivo. Invulnerable. Justo. Libertario. Líder. Magnánimo. Magnético. Mimoso. Misericordioso. Poderoso. Potente. Protector. Redentor. Soberano. Suave. Tierno. Vigoroso. Vulnerable.

Reconexión con la esencia

Cuando reconecta con su verdadera esencia experimenta nuevamente lo que sentía mientras estaba en el estado intrauterino: poder total, misericordia incondicional, inocencia completa e invulnerabilidad absoluta.

Percepción neutra

Al liberarse del ego y desidentificarse de la mente adquiere una visión esencial, neutra y sabia de la realidad, la cual le posibilita verse a sí mismo como lo que verdaderamente es: un ser inherentemente poderoso e invulnerable. A su vez toma consciencia de que la verdadera batalla está dentro y no fuera: consiste en *vencerse* a sí mismo, desidentificándose del ego y liberándose de su esclavitud mental. También se da cuenta de que el *yo* que intenta proteger es una ilusión cognitiva, con lo que es imposible que pueda ser agredido por nadie ni por nada. Y como consecuencia deja de ver a los demás como potenciales agresores.

Motivación trascendente

Su principal motivación es liderar y servir a las personas que forman parte de su círculo familiar, social y profesional, empoderándolas para que sean genuinamente soberanas, se valgan por sí mismas y vivan de forma mucho más autónoma y libre. En este sentido se siente fuertemente atraído por apoyar y formar parte de causas, empresas, movimientos, asociaciones, proyectos o comunidades que aporten un verdadero bien para la sociedad y que —de alguna manera u otra— contribuyan a liberar a la humanidad de los grilletes del totalitarismo, la opresión y la tiranía.

Cualidades esenciales

Benevolencia. Tiene la capacidad de no corromperse al ocupar puestos de liderazgo, poder o autoridad. Es alguien completamente benevolente y servicial, que muestra buena voluntad hacia aquellas personas que están bajo su cargo. Le mueve hacer el bien con mayúsculas y su afán es siempre constructivo.

Fortaleza. Tiene una fuerza interior descomunal. Es capaz de afrontar y sobreponerse a cualquier situación adversa que le depare la vida. En dichas circunstancias se crece, sacando lo mejor de sí mismo. En momentos difíciles se convierte en una *roca* sobre la que los demás pueden apoyarse.

Intuición. Está muy conectado con su cuerpo en general y con sus entrañas en particular. Tiene muy buena intuición y sigue a su instinto a la hora de tomar decisiones importantes. Es un detector de mentiras humano: tiene un talento especial para ver la verdad oculta tras cualquier falsa apariencia.

Justicia. Es una persona justa que aborda los conflictos con ecuanimidad e imparcialidad y para quien el fin no justifica nunca los medios. En caso de equivocarse y perjudicar a otra persona enseguida hace lo necesario para redimirse, reparando el daño hecho para restaurar la armonía en la relación.

Liderazgo. Es un líder nato. Al haber aprendido a liderarse internamente —venciendo sus miedos y mostrándose auténtico—, es capaz de liderar a otros sirviéndoles con genuina humildad. Y emplea la enorme influencia que tiene sobre el resto de la gente para que saquen lo mejor de sí mismas y hagan el bien.

Magnanimidad. Es una persona magnánima: tiene una alma grande y un espíritu elevado que le permiten trascender sus necesidades y deseos egoicos. Suele orientar su existencia a fines buenos, positivos y valiosos para otros seres humanos, sin importar el precio personal que tenga que pagar por ello.

Magnetismo. Tiene una presencia muy imponente que infunde mucho respeto entre quienes lo rodean. También desprende un magnetismo brutal que provoca en los demás una fuerte e irresistible atracción física y sexual hacia su persona. Mira fijamente a los ojos cuando habla y su mirada transmite seguridad y ternura.

Poder. Es una persona empoderada que goza de mucha voluntad y determinación para conseguir cualquier cosa que se proponga. Eso sí, de forma pacífica. Le motivan mucho los desafíos que le posibilitan superarse a sí mismo. Y utiliza su poder para beneficiar e influenciar positivamente a quienes le rodean.

Protección. Le sale de forma natural cuidar y proteger a sus seres queridos en momentos de necesidad. Siente un verdadero interés por defender a las personas más desfavorecidas y desvalidas, así como liberar a las que siguen oprimidas. Y planta cara a quienes explotan a otros seres humanos.

Soberanía. Es totalmente soberano y dueño de sí mismo. No reacciona, sino que responde de forma consciente, libre y voluntaria, ofreciendo siempre su mejor versión al interactuar con los demás. Nada ni nadie pueden someterlo ni esclavizarlo. Y hace lo posible por contribuir a que los demás vivan en libertad.

Ternura. Se asemeja mucho a los cangrejos en el sentido de que —si bien parece duro por fuera— en realidad es muy blandito por dentro. Lo cierto es que es extremadamente dulce y tierno con sus familiares y amigos cercanos. Y en la intimidad es muy mimoso: le encanta dar y recibir muestras de cariño.

Resultados satisfactorios

Inocencia. Se siente libre de culpa, rencor y afán de venganza. Mira el mundo con la inocencia de un niño mezclada con la experiencia de un anciano. Va desarmado por la vida, no tiene ningún tipo de malicia y es incapaz de dañar a nadie. Y es inofensivo: nunca dice o hace nada que pueda herir u ofender a los demás.

Invulnerabilidad. Emocionalmente se siente invulnerable. Sabe que nadie nunca le ha hecho daño sin su consentimiento y que la verdadera causa de su sufrimiento está en su mente. Cuando está rodeado de personas de confianza se atreve a compartir su mundo interior, mostrando su lado más vulnerable.

Misericordia. Sabe perdonar a quienes cometen injurias contra él, pues empatiza con la debilidad que les ha llevado a realizar dichos actos. Es muy indulgente y misericordioso, capaz de amar a sus enemigos y ser amable con quienes tratan de perjudicarlo. Da siempre una segunda oportunidad a quienes se equivocan.

Alas

Puede estar influido por el ala 9, mostrándose más relajado, calmado y sosegado. Se siente en paz consigo mismo y tiene una presencia armoniosa. Le gusta disfrutar de su libertad y lo que más valora es la tranquilidad. Cree profundamente en el activismo pacífico y la no violencia. Se le da muy bien abordar los conflictos con diplomacia, goza de mucha habilidad para escuchar empáticamente y se expresa con asertividad. Está más conectado con la dimensión espiritual y energética. Y se siente muy unido a los demás. Para profundizar más acerca del lado luminoso de esta ala es muy recomendable que interiorice la información relacionada con el ser esencial del eneatipo 9.

También puede estar influido por el ala 7, mostrándose más jovial, alegre y entusiasta. Se siente muy afortunado y sabe disfrutar de la vida. Tiene un espíritu aventurero y goza de mucha energía y vitalidad. Afronta sus circunstancias con una actitud positiva y optimista. Es una persona feliz con mucha facilidad para practicar la atención plena y vivir el momento presente. Necesita mucho el silencio para recargarse y se relaciona con los demás con simpatía y espontaneidad. Goza de muy buen sentido del humor y es muy divertido y ameno. Para profundizar más acerca del lado luminoso de esta ala es muy recomendable que interiorice la información relacionada con el ser esencial del eneatipo 7.

En caso de tener las dos alas, contará con ciertas cualidades esenciales de los eneatipos 9 y 7, estando influido por la luz de ambos tipos de personalidad.

Niveles de desarrollo

Pongamos que alguien le insulta. Si interpreta esta situación desde un nivel de desarrollo insano tenderá a reaccionar impulsiva y visceralmente. Y al sentirse herido contratacará con todavía más rabia y agresividad. E incluso puede que agreda al otro con violencia. En el caso de percibir lo que ha pasado desde un nivel de desarrollo medio tenderá a perturbarse y a amenazarlo con la mirada, devolviéndole el insulto con frialdad y dureza. Y si se relaciona con dicho acontecimiento desde un nivel de desarrollo sano no reaccionará ni se sentirá insultado ni agredido. Más bien empleará su poder y fortaleza interior para gestionar lo que está pasando de forma constructiva, ignorando al agresor.

XVIII

ENEATIPO 9: EL ARTE DE ESTAR EN PAZ

Cuando está identificado con el ego el eneatipo 9 se siente negado y no bienvenido. Y para evitar el conflicto se amolda a los demás, anulándose como persona. Es alguien muy apático, comodón y resignado. Intenta pasar desapercibido, quedándose siempre en un segundo plano. Acumula mucha ira reprimida de la cual no es consciente. Su aprendizaje pasa por transformar su pereza en proactividad, comprendiendo que su existencia sí importa y que tiene mucho que ofrecer al mundo. Y esto pasa por priorizarse, poner límites y afrontar los conflictos. Al reconectar con el ser esencial se convierte en una persona despierta, asertiva y conciliadora que sigue su propio camino en la vida. Y como resultado aporta mucha sanación y armonía a quienes le rodean.

Radiografía del ego

CÓMO SE MANIFIESTA EL ENEATIPO 9 CUANDO ESTÁ CONDICIONADO POR SU LADO OSCURO

Características arquetípicas del ego

Aletargado. Anulado. Apático. Autoengañado. Borrego. Comodón. Conformista. Dejado. Desconectado. Desganado. Dócil. Dormido. Gregario. Inconsciente. Indolente. Inexistente. Inmóvil. Invisible. Irrelevante. Narcotizado. Negado. Pasivo-agresivo. Perezoso. Procrastinador. Reprimido. Resignado. Rutinario. Sobreadaptado. Sumiso. Vago.

Herida de nacimiento

La separación y desconexión del ser esencial provoca que en lo más profundo sienta que no importa y no es tenido en cuenta por nadie. Y como consecuencia le invade una sensación de negación y de no ser bienvenido. Es entonces cuando siente que no es nada interesante ni tiene nada que ofrecer. Y que ha de amoldarse a los demás para no generar conflicto.

Percepción neurótica

Su visión egoica, subjetiva y distorsionada de la realidad le hace estar convencido de que es alguien completamente irrelevante. Y que no tiene ningún derecho a priorizarse a sí mismo, pues está convencido de que las necesidades de los demás son y siempre serán mucho más importantes que las suyas. También piensa que si pone algún tipo de límite o se atreve a decir «no» a las peticiones ajenas se enfadarán con él le darán la espalda, le negarán la conexión y le expulsarán del entorno familiar y social al que tanto anhela pertenecer.

Motivación egocéntrica

Su principal deseo es sentirse en paz y conectado a los demás. Y para conseguirlo se anula a sí mismo, amoldando su forma de pensar y de comportarse a las del grupo social del que forma parte. Y por miedo de caer en el ostracismo se conforma con llevar una existencia prefabricada, estandarizada y de segunda mano, dedicándose todo el día a llevar a cabo tareas triviales y rutinarias. Así es como evitar pensar sobre qué es lo que realmente quiere hacer con su vida.

Defectos egoicos

Autoengaño. Cree que si se atreve a decir lo que piensa y a seguir su propio camino acabará teniendo desencuentros con los demás. Y dado que no sabe cómo lidiar con el conflicto ni gestionar la ira, se engaña a sí mismo autoconvenciéndose de que nada de lo que diga o haga tiene importancia.

Borreguismo. Es una persona borrega y gregaria: carece de pensamiento crítico y tiende a seguir el rebaño, aceptando como propios los valores y las creencias con los que fue condicionado por su entorno social. Está más interesado en estar de acuerdo con los demás que en cultivar su propio criterio.

Comodidad. Tiene mucho miedo al cambio. Y vive completamente apalancado y apoltronado en su zona de confort física e intelectual. Siempre que puede aplica la ley del mínimo esfuerzo, eligiendo la opción fácil y cómoda. No le gusta cuestionarse las cosas ni buscar alternativas a la forma convencional de vivir.

Conformismo. Tiende a adherirse con mucha facilidad al orden social establecido. Está conforme con el *statu quo*. Es decir, con cómo son las cosas en cada momento. Todo le está bien. No porque crea en ello, sino porque no se plantea la posibilidad de que nada sea —o pueda ser— diferente a como es.

Inconsciencia. Está muy dormido y funciona por inercia, con el piloto automático puesto. Y no es consciente de que vive inconscientemente. Dicho estado de somnolencia e hipnosis le llevan a negar su propio ser, el cual queda sepultado bajo capas y capas de condicionamiento.

Invisibilidad. Es alguien inexistente a los ojos de los demás. Suele ser un actor de reparto de su propia vida. Allá donde va siempre queda relegado a un segundo plano, pasando del todo desapercibido. Y dado que le cuesta mucho hacerse ver y escuchar, tiende a ser invisible para quienes le rodean.

Narcotización. Para evitar ser consciente de su conflicto interior —la negación total de su ser esencial— se pasa el día narcotizado, llevando a cabo actividades superfluas. Se olvida de sí mismo por medio de hábitos rutinarios, cotidianos e intrascendentes, evitando descubrir qué es lo que verdaderamente quiere.

Procrastinación. Es un procrastinador nato: tiende a dejar para mañana las cosas que sabe que tendría que hacer hoy, dedicándose a actividades más gratificantes pero del todo irrelevantes. Y suele aplazar o posponer sus tareas y responsabilidades, llevándolas a cabo cuando ya no le queda más remedio.

Represión. Reprime sus deseos, sus necesidades y sus aspiraciones. Se ha negado y anulado tanto como ser humano que no tiene ni idea de quién es, lo que le gusta y lo que es verdaderamente importante para él. Y dicha represión esconde mucha ira soterrada, de la cual es totalmente inconsciente.

Sobreadaptación. Niega por completo su individualidad, amoldándose y adaptándose en exceso a las personas con las que interactúa. Si bien desde afuera puede parecer una virtud, en realidad es un sutil mecanismo de defensa egoico para evitar tomar las riendas y atreverse a vivir su propia vida.

Sumisión. Es una persona sumisa que se deja aplastar y pisotear por los demás. Huye del conflicto, no sabe poner límites y tiende a decir «sí» cuando en realidad quiere decir «no». Tiende a someterse a personas fuertes y dominantes, aguantando por largo tiempo sus descentramientos por temor a las represalias.

Resultados insatisfactorios

Acedía. Siente una frustración existencial —la cual se manifiesta en forma de decaimiento y flojera de ánimo— por saber que no está siendo ni haciendo con su vida lo que podría ser o hacer. También siente un profundo bloqueo interior, el cual lo mantiene inmóvil, paralizado y estancado. Todo le da bastante igual.

Apatía. Padece de apatía y de abulia: carece por completo de energía, motivación, ganas y voluntad, sintiendo un profundo desinterés por conseguir algún objetivo. En casos extremos llega incluso a sentirse muerto en vida, transitando por la existencia como una boya a la deriva sin rumbo ni dirección.

Desconexión. Se siente separado y alejado de los demás. Esencialmente porque está totalmente desconectado de su ser esencial. De tanto intentar conectar, unirse y fusionarse con otras personas ha terminado olvidándose de sí mismo. Esta es la razón por la que no sabe lo que quiere ni lo que necesita.

Irrelevancia. Siente que no es bienvenido allá donde va. Y cuando está rodeado de personas se siente ignorado e insignificante. Piensa que su opinión no tiene ningún valor. Y siente que no merece ni goza de derechos. De ahí que tienda a ser en un escuchador pasivo, evitando decir algo que pueda generar conflicto.

Pereza. Siente mucha vagancia e indolencia. Es adicto al sofá. Y su dejadez le lleva a espachurrarse en él durante horas. No tiene motor interno y se mueve a remolque de los demás. También es perezoso espiritualmente, evitando hacerse preguntas trascendentes acerca de cuál es el verdadero sentido de su existencia.

Resignación. Vive en un estado de permanente resignación, sintiendo que no hay nada que dependa de él para cambiar su situación. De tanto anularse y amoldarse, finalmente explota. Y cual volcán en erupción estalla con una fuerza descomunal, sacando la rabia y la agresividad que reprimía en sus entrañas.

Trastorno de personalidad

La excesiva identificación con el ego puede llevarlo a padecer el trastorno pasivo-agresivo. Y este se caracteriza por expresar de forma indirecta —y sutilmente hostil— sentimientos de ira, frustración o resentimiento en lugar de abordarlos de cara y abiertamente, lo cual dificulta la conexión y la fluidez en sus relaciones.

Ego espiritual

Al entrar en el ámbito del desarrollo personal tiende a caer en la resignación espiritual. Más que aceptar y fluir con la voluntad de la vida se somete a ella ciegamente, aludiendo que «lo que tenga que pasar, pasará». Dicho conformismo le lleva a eludir su parte de responsabilidad en los asuntos mundanos que lo conciernen. Emplea la espiritualidad para narcotizarse y evadirse de cualquier potencial conflicto, convirtiéndose en una especie de vegetal que pasa gran parte de su tiempo tirado en el sofá, esperando que la existencia le provea de lo que necesita sin tener que hacer nada. Y padece de anhedonia: incapacidad para sentir placer e interés por nada de lo que ocurre en el mundo.

Tríada

Forma parte de la tríada del instinto. Su manera de conquistar la libertad, la autonomía y la independencia es anulándose como ser humano, pasando de la vida de puntillas, casi como si no existiera. Su falta de serenidad lo convierte en una persona reprimida y resignada. Su visceralidad se manifiesta de forma pasiva-agresiva, evitando cualquier situación potencialmente conflictiva. Sin embargo, mientras tanto, en su interior va acumulando inconscientemente mucha ira hasta que muy de vez en cuando termina estallando de forma desproporcionada.

Alas

Puede estar influido por el ala 8, sintiendo también la sensación de indefensión y vulnerabilidad de este eneatipo. Tiende a ser algo desafiador y combativo. Siente que tiene que protegerse tras una coraza para que los demás no le hagan daño. E intenta controlar las situaciones para tratar de estar al mando sin que los demás se den cuenta. Suele estar más en contacto con la rabia y la agresividad. Le enervan mucho las injusticias. Tiende a culpar a otras personas de su sufrimiento y a sentirse culpable por el daño que cree que ha infligido a otros. Para profundizar más acerca del lado oscuro de esta ala es muy recomendable que interiorice la información relacionada con el ego del eneatipo 8.

También puede estar influido por el ala 1, sintiendo la sensación de insuficiencia e imperfección de este eneatipo. Tiende a ser algo exigente y perfeccionista. Suele decir más lo que piensa, creyendo que su forma de pensar es la correcta. Y se muestra inflexible e intolerante con aquellos puntos de vista que difieren a los suyos. Es más moralista y puritano, juzgando aquellas cosas que no encajan con su ideal de cómo deberían de ser. Se frustra cada vez que la realidad no es cómo le gustaría que fuera. Y le irritan las cosas mal hechas. Para profundizar más acerca del lado oscuro de esta ala es muy recomendable que interiorice la información relacionada con el ego del eneatipo 1.

Si tiene las dos alas sentirá las heridas de los eneatipos 8 y 1, estando influido por la sombra de ambos tipos de personalidad.

Instintos

Conservación. Cuando este instinto está más exaltado el ego tiende a poner el foco de atención en sí mismo, centrándose casi exclusivamente en la satisfacción de sus necesidades primarias: comer, beber, tener sexo y dormir. Vive instalado en la comodidad de sus hábitos y en la inercia de sus rutinas. Siempre hace lo mismo. Y cada día igual. No tiene grandes ambiciones ni le pide demasiado a la vida. Se pasa horas en el sofá, viendo catatónicamente la televisión y satisfaciendo su apetito con todo tipo de snacks y tentempiés. Tiende a la dejadez y al autoabandono. Es demasiado perezoso para levantarse y vivir. Se limita a narcotizarse, llevando una existencia fácil, cómoda y orientada al placer.

Sexual. Cuando tiene este instinto más pronunciado el ego tiende a poner el foco de atención en sus relaciones íntimas. Y en caso de tenerlos, en su pareja y en sus hijos. Le da pereza vivir para sí mismo. De ahí que busque unirse y fusionarse absolutamente con otra persona, empezando a vivir a través del otro. Lo cierto es que termina por perderse en su compañero sentimental, olvidándose de su propia existencia. Y en dicho estado de simbiosis su pareja pasa a ser lo único importante, experimentando las necesidades de su amante como si fueran las suyas propias. Suele mantener relaciones con compañeros egocéntricos y narcisistas que no lo ven ni lo valoran ni tampoco le animan a crecer.

Social. Cuando este instinto domina su personalidad el ego tiende a poner el foco de atención en la sociedad y en el mundo. Su mayor miedo es vivir separado y excluido de su entorno. Y su principal anhelo es sentirse parte de algo más grande que él. Busca grupos y comunidades a las que pertenecer y a los que dedicar su vida. Y una vez dentro se amolda y se adapta constantemente a las necesidades de los demás, negando las suyas propias. Se muestra muy activo y participativo en los asuntos ajenos. Vaya donde vaya y haga lo que haga el otro siempre es el protagonista. Su pereza no es física, sino psicológica y espiritual: no quiere tener tiempo para pensar en su propia existencia.

Descentramiento

Cuando se empacha de su propio ego puede descentrarse al eneatipo 6, conectando con la sensación de inseguridad y desconfianza. De pronto empieza a sentir miedo y a darle muchas vueltas a las cosas en su cabeza, entrando en bucles de pensamiento negativo y paranoico. Y como consecuencia, siente mucha ansiedad por cosas que todavía no han sucedido. A su vez se muestra más cobarde y dubitativo, costándole muchísimo tomar sus propias decisiones. De ahí que busque orientación en figuras de autoridad. Para profundizar más acerca del descentramiento —y también de su lado oscuro—, es muy recomendable que interiorice la información relacionada con el ego del eneatipo 6.

También puede descentrarse al eneatipo 3, conectando con la sensación de menosprecio e infravaloración. En este caso comienza a sentirse muy poco valorado por la gente que lo rodea, volviéndose más competitivo y ambicioso. Cree que si tiene éxito será alguien relevante dentro de su entorno. Y se pone una máscara social, volviéndose más presumido y vanidoso actuando de forma falsa para impresionar a los demás. Cultiva relaciones mercantiles movidas puramente por el interés para conseguir sus objetivos. Para profundizar más acerca del descentramiento —y también de su lado oscuro—, es muy recomendable que interiorice la información relacionada con el ego del eneatipo 3.

Crisis existencial

Llega un momento en el que la esclavitud egoica le hace sentirse profundamente negado, inseguro y menospreciado. Es entonces cuando su nivel de inconsciencia y autoabandono alcanza cotas de oscuridad desorbitadas. Abrasado por la pereza, la apatía y la resignación está convencido de que todas las personas tienden «a aplastarle y a pisotearle». Que el mundo es un lugar donde no puede «manifestarse ni autoafirmarse». Y que en definitiva la vida es «irrelevante». Está tan convencido de su insignificancia que se siente que no sirve ni vale para nada. En el caso de tocar fondo y despertar, finalmente se da cuenta de que él también importa por el simple hecho de haber nacido y estar vivo. Y que dentro de sí mismo alberga muchos tesoros que compartir y muchos dones que aportar a los demás y a la sociedad.

El proceso de transformación

CLAVES PARA LIBERARSE DEL EGO Y RECONECTAR CON EL SER ESENCIAL DEL ENEATIPO 9

Desafío psicológico

Al empezar su proceso de autoconocimiento es inevitable que se pregunte: «¿Cómo puedo estar en paz si me reafirmo, afronto el conflicto y pongo límites?». El error de fondo que plantea esta paradoja es que la paz interior no tiene nada que ver con lo de fuera. Para poder experimentarla ha de resolver primero el conflicto que mantiene consigo mismo, dejando de anularse y autolimitarse como ser humano. Solo así podrá lidiar con cualquier problema que se presente en su vida, sabiendo poner límites con diplomacia y asertividad.

Centramiento

Para reconectar con el ser es fundamental que se centre al eneatipo 3, entrando en contacto con las cualidades esenciales de este tipo de personalidad. Para lograrlo le conviene comprender que es valioso por ser quien es. Y también cultivar una actitud emprendedora, dedicando tiempo a saber cuál es su pasión y su talento, de manera que pueda aportar valor a la sociedad. A su vez es muy centrante que se atreva a ser honesto consigo mismo y que se muestre auténtico con los demás. Para profundizar más acerca de su centramiento —y también de su lado luminoso—, es muy recomendable que interiorice la información relacionada con el proceso de transformación y la esencia del eneatipo 3.

También puede centrarse al eneatipo 6, manifestando las virtudes más luminosas de este tipo de personalidad. En este caso le resulta muy positivo aprender a confiar en sí mismo, volviéndose su propio referente en la vida. Le hace mucho bien ser fiel a los dictados de su corazón, atreviéndose a tomar decisiones guiadas por sus valores esenciales. Y ser un poco más rebelde y escéptico, cuestionando el orden social establecido y verificando la información a través de su experiencia personal. Para profundizar más acerca de su centramiento —y también de su lado luminoso—, es muy recomendable que interiorice la información relacionada con el proceso de transformación y la esencia del eneatipo 6.

Prácticas transformadoras

Priorizarse. Cuando vive identificado con el ego tiende a olvidarse de sí mismo, pasando de puntillas por la vida intentando no molestar ni hacer demasiado ruido. De ahí que uno de sus mayores retos consista en acordarse de que existe, aprendiendo a priorizarse por delante del resto de personas. Es fundamental que se convierta en el verdadero protagonista de su existencia, dejando de ser un mero actor secundario. Que salga del letargo psicológico y la somnolencia espiritual en los que lleva años instalado. Y que tome consciencia de que cuenta con una serie de necesidades y de potencialidades que solo dependen de él saciar y desatar. Para lograrlo ha de dedicar un rato cada día a conocerse y desarrollarse, evitando perderse en las demandas ajenas.

Poner límites. Otro de sus grandes aprendizajes vitales consiste en saber poner límites, evitando que los demás se aprovechen —e incluso abusen— de su personalidad excesivamente tolerante, adaptable y flexible. Y para ello es imprescindible que adquiera el sano hábito de decir «no» cada vez que no quiera, no le apetezca o no le vaya bien hacer algo que otra persona le pida. También es esencial que comprenda que tiene todo el derecho del mundo a negarse. Y en caso de que el otro sienta enfado o decepción ha de entender que no es problema suyo, sino de quien se enfada y decepciona por no ver cumplidas sus expectativas egoicas. Saber decir «no» en un momento dado es la cima de la autoestima y un indicador de que se está respetando a sí mismo.

Afrontar los conflictos. Para poder transformarse ha de aprender a afrontar los conflictos con naturalidad, pues no solo forman parte de la vida, sino que son precisamente los que más le van a permitir crecer espiritualmente. En este sentido ha de empezar por lidiar con su conflicto interior, dejando de negar y de anular a su ser esencial. En la medida en que deja de autoboicotearse poco a poco va dándose permiso para manifestar su singularidad. Parte de su proceso de curación pasa por estar atento a las señales que le envía su cuerpo desde dentro, procurando que sus acciones sean coherentes con sus pensamientos y sus sentimientos. Así, es básico que escuche menos y hable más, atreviéndose a decir lo que piensa. Porque su voz también importa. Y mucho.

Conectar con su deseo. Su sanación también pasa por hacer lo que más trabajo le cuesta: conectar con su deseo y saber qué es lo que verdaderamente quiere en la vida, trascendiendo su inmovilismo y pasividad existencial. En general está tan desconectado de sí mismo que no tiene ni idea de quién es ni de cuáles son sus gustos, preferencias y aficiones. Se ha pasado demasiados años mostrando un nulo interés por su mundo interior. Esta es la razón por la que se ha venido implicando y mimetizando en exceso con los intereses de quienes le rodean. Para revertir esta situación es fundamental que empiece a ser fiel a lo que a él le motiva y le apetece. Y que se atreva a coger el toro por los cuernos, yendo a por aquello que desea con ilusión y determinación.

Expresar el enojo. Al anularse como persona para evitar el conflicto alberga mucha ira y rabia reprimidas. Y es tal su inconsciencia que niega la existencia de estas emociones. Tiende a borrar cualquier acontecimiento traumático que le haya sucedido en la vida, desapareciendo de su memoria consciente. A primera vista parece una persona tranquila y pacífica a la que todo le está bien. Pero eso no es del todo cierto. Se trata de un mecanismo de defensa para no tener que lidiar con su lado agresivo e iracundo. Principalmente porque no sabe cómo manejar este tipo de energía. Su transformación pasa por aprender a sentir, gestionar, expresar y canalizar su enojo de forma constructiva. Si algo le molesta es básico que lo comunique en vez de guardárselo.

Seguir su propio camino. Debido a su mentalidad gregaria y conformista tiende a formar parte del rebaño social, transitando por la ancha avenida por la que circula la gran mayoría. Suele actuar de acuerdo a las convenciones de su tiempo, adhiriéndose a lo socialmente aceptado y lo políticamente correcto. Así es como su verdadera esencia queda sepultada. Por este motivo parte de su trabajo interior pasa por cuestionar su condicionamiento y tener el valor de seguir su propio camino en la vida. Y para ello es fundamental que confronte su miedo al cambio y se atreva a salir de su zona de comodidad, dejando de darse excusas y justificaciones para no cambiar. A la única persona a la que ha de rendir cuentas es a la que ve en el espejo cada mañana. A nadie más.

Explorar las terapias alternativas. Una de las razones por las que suele pasar tan desapercibido es porque su verdadera esencia no encaja con la cosmovisión materialista que promueve la sociedad occidental. Está más alineada con la espiritualidad que se desprende de la filosofía oriental. En especial del budismo, el taoísmo o el zen. Todas ellas enseñan a apaciguar la mente y cultivar la paz interior, algo para lo que tiene especial facilidad. Es muy recomendable que explore el mundo de las terapias alternativas, la medicina holística y la sanación energética. Y que se introduzca en disciplinas como la meditación o el yoga. Es muy probable que dentro de este ámbito encuentre *algo* que le motive y para lo que genuinamente tenga talento.

Entregar su don al mundo. Su transformación personal no solo pasa por aprender a estar en paz consigo mismo, sino por contribuir con su granito de arena a sanar y armonizar a quienes le rodean. Tiene mucho que ofrecer a la sociedad contemporánea, tan falta de paz y de bienestar. Eso sí, para poder entregar sus dones al mundo primero ha de cuestionar y liberarse de la creencia de que no tiene nada en su interior que valga la pena. Principalmente porque es mentira. También ha de dejar de perder el tiempo con tareas superfluas, hábitos mecánicos y actividades narcotizantes. Y conectar con un propósito trascendente que le inspire a vencer su pereza física y psicológica, emprendiendo proyectos profesionales que verdaderamente le ilusionen y le motiven.

Afirmaciones eneagrámicas

Para reprogramar la mente y limpiar su subconsciente, es necesario que se repita las siguientes afirmaciones hasta que se conviertan en su nueva realidad:

- Soy la persona más importante de mi vida.
- Mantengo mi paz interior frente a cualquier situación.
- Me respeto a mí mismo y pongo límites cuando lo necesito.
- Salgo de mi zona de comodidad con frecuencia.
- Soy muy bienvenido allá donde voy.
- Sé que he venido al mundo a aportar mucho valor.
- Tomo la iniciativa y actúo de forma proactiva.
- Dedico mi tiempo a tareas provechosas y constructivas.
- Me gusta decir lo que pienso con asertividad.
- Creo en mí mismo y sigo mi propio camino.

Anatomía del ser esencial

CÓMO SE MANIFIESTA EL ENEATIPO 9 CUANDO ESTÁ CONECTADO CON SU VERDADERA ESENCIA

Características arquetípicas del ser

Adaptable. Armonioso. Asertivo. Bonachón. Calmado. Cándido. Cooperativo. Conciliador. Consciente. Democrático. Despierto. Diplomático. Energético. Escuchador. Espiritual. Fácil. Mediador. Paciente. Pacífico. Participativo. Proactivo. Receptivo. Relajado. Relevante. Sanador. Sedante. Sencillo. Sosegado. Tranquilo. Unido.

Reconexión con la esencia

Cuando reconecta con su verdadera esencia experimenta nuevamente lo que sentía mientras estaba en el estado intrauterino: unidad total, paz incondicional, relajación completa y armonía absoluta.

Percepción neutra

Al liberarse del ego y desidentificarse de la mente adquiere una visión esencial, neutra y sabia de la realidad, la cual le posibilita verse a sí mismo como lo que verdaderamente es: un ser inherentemente pacífico y relevante. A su vez toma consciencia de que la auténtica fusión que busca está dentro de sí mismo: tiene que ver con reconectar con su esencia divina. Solo entonces se siente genuinamente unido a los demás y conectado con toda la existencia. Y descubre que en realidad no es un ser humano viviendo una experiencia espiritual, sino un ser espiritual viviendo una experiencia humana.

Motivación trascendente

Su principal motivación es sentirse en paz consigo mismo y ser fuente de armonía para quienes le rodean. Quiere contribuir a que la humanidad reconecte con su dimensión espiritual, concibiéndose como lo que esencialmente es: una misma y única unidad. También trabaja para sanar la locura mental que lleva a la gran mayoría de las personas a vivir en un permanente estado de división, lucha y conflicto. Se le da muy bien hacer de mediador entre posiciones aparentemente opuestas, encontrando una salida y una solución que beneficie a todos equitativamente.

Cualidades esenciales

Adaptabilidad. Es tremendamente flexible y adaptable. Y goza de mucha inteligencia interpersonal. Se lleva bien con todo el mundo y encuentra puntos de conexión con cualquier persona, sin importar en qué entorno social se encuentre, qué tipo de actividad esté haciendo o con quién se esté relacionando.

Armonía. Su simple presencia genera armonía allá donde va. Habla de forma pausada, empleando un tono de voz suave y relajante. Tiene un efecto sedante en los demás y un don para calmar a personas estresadas y que padecen de ansiedad. Es un auténtico bálsamo para el alma.

Asertividad. Sabe compartir sus sentimientos, expresar sus opiniones, defender sus derechos, poner límites, realizar sugerencias y hacer críticas constructivas de forma extremadamente asertiva. Es decir, con honestidad, amabilidad y serenidad, respetando a los demás y respetándose a sí mismo.

Candidez. Es una persona cándida, apacible y bonachona. No tiene ningún tipo de malicia y siempre lo pone todo muy fácil. Y es casi imposible entrar en conflicto con él. Esencialmente porque sabe dejar su ego a un lado y ver enseguida lo que el otro necesita. Eso sí, sin desatender sus propias necesidades.

Energía. Está muy conectado con la dimensión más sutil e intangible de la condición humana. No solo siente su propia energía, sino que también siente la de otras personas. Tiene talento para la sanación energética, pudiendo llegar a equilibrar el campo físico, mental y espiritual de los demás.

Escucha. Sabe escuchar atenta y empáticamente, ofreciendo su entera presencia a quien escucha. Cuando alguien le cuenta un problema no lo juzga ni le da consejos. Emplea la mayéutica socrática, haciéndole preguntas y dejando que el otro de por sí mismo con las respuestas que están buscando.

Espiritualidad. Está muy despierto y vive conscientemente, manteniendo al ego a raya. Su mente suele ser muy funcional y apenas tiene pensamientos indeseados. Y los pocos que tiene contienen poca carga negativa. Suele interesarle la filosofía oriental y estar muy conectado con la espiritualidad.

Paciencia. Tiene una paciencia ilimitada. Sabe esperar —con calma y sin expectativas— a que las cosas sucedan sin forzarlas ni intentar acelerarlas. Le gusta vivir de forma lenta y hacer las cosas despacio, siguiendo el ritmo natural y orgánico de la existencia. Jamás experimenta estrés ni prisa.

Participación. Le encanta participar en todo tipo de actividades y cooperar en proyectos que le permitan gozar de un sentido de pertenencia. Cuenta con una mentalidad muy democrática. Y cuando ejerce de líder tiene en cuenta todos los puntos de vista. Se siente muy bienvenido y acogido allá donde va.

Proactividad. Cuando algo le interesa y le motiva de verdad saca a relucir su actitud emprendedora, adelantándose a los problemas y buscando soluciones de forma proactiva. También cuenta con la voluntad necesaria para tomar la iniciativa y materializar sus deseos de manera pacífica.

Mediación. Es un excelente mediador y un diplomático nato. Tiene una habilidad especial para mostrarse neutro e imparcial entre dos personas que están en conflicto, facilitando el diálogo y el entendimiento entre ellos para que puedan exponer sus respectivos puntos de vista sin atacarse y lograr llegar a un acuerdo.

Resultados satisfactorios

Paz. Se siente totalmente en paz consigo mismo. Esta paz interior la experimenta como una llama ardiente que —desde dentro— le da calor y lo ilumina. Y esta sensación es tan maravillosa, agradable y placentera que no hay nada en el exterior por lo que valga la pena perderla. Absolutamente nada.

Relajación. Suele estar muy tranquilo, calmado y relajado, tanto a nivel mental como corporal. Y este sosiego interno le permite estar muy arraigado al instante presente, adoptando siempre la actitud y la conducta más convenientes en cada momento. Va por la vida sin generarse ningún tipo de tensión ni perturbación.

Unidad. Está muy conectado consigo mismo y fusionado con sus seres queridos. Se siente uno con la vida. Y tiende a relacionarse con los demás desde la consciencia de unidad, viendo y sintiendo al otro como parte de sí mismo. Sabe que la dualidad es una ilusión cognitiva.

Alas

Puede estar influido por el ala 8, mostrándose más fuerte, directo y empoderado. Es prácticamente invulnerable e inofendible. Tiene un lado dulce y tierno que comparte con su familia y amigos íntimos, a quienes defiende y protege de cualquier amenaza. Tiene madera de líder. Y goza de mucho magnetismo y poder personal. A su vez es indulgente y misericordioso, con capacidad para perdonarse y perdonar a los demás por los errores cometidos. Cuenta de un elevado sentido de la justicia y su actitud suele ser benévola y constructiva. Para profundizar más acerca del lado luminoso de esta ala es muy recomendable que interiorice la información relacionada con el ser esencial del eneatipo 8.

También puede estar influido por el ala 1, mostrándose más disciplinado, comprometido y organizado. Se siente todavía más sereno, con mucha facilidad para aceptar incondicionalmente lo que sucede. Cuando cree en algo se expresa con convicción, pasión y elocuencia. Toma decisiones movidas por la ética y la integridad, procurando que haya coherencia entre lo que piensa, dice y hace. Es muy detallista y está orientado a lograr la excelencia. Es muy compasivo y tolerante. E inspira a otros a través de su propio ejemplo. Para profundizar más acerca del lado luminoso de esta ala es muy recomendable que interiorice la información relacionada con el ser esencial del eneatipo 1.

En caso de tener las dos alas, contará con ciertas cualidades esenciales de los eneatipos 8 y 1, estando influido por la luz de ambos tipos de personalidad.

Niveles de desarrollo

Pongamos que un amigo le invita a una fiesta a la que no le apetece nada ir. Si interpreta esta situación desde un nivel de desarrollo insano tenderá a anularse como persona, diciendo que «sí» por no atreverse a decir que «no». Y una vez ahí pasará totalmente desapercibido. En el caso de percibir dicha invitación desde un nivel de desarrollo medio adoptará una actitud pasivo-agresiva, evitando responderle para no entrar en conflicto. Y si se relaciona con dicho acontecimiento desde un nivel de desarrollo sano le dirá a su amigo la verdad con mucho tacto y delicadeza, proponiéndole quedar otro día mano a mano para ponerse al día y compartir tiempo de calidad.

XIX

Decálogo para vivir despierto

Espero de corazón que hayas experimentado tu propio orgasmo emocional al descubrir tu eneatipo principal. Y que sepas utilizar el Eneagrama como una llave maestra con la que abrir el cerrojo de tu alma, liberándote de la jaula mental en la que has estado encerrado durante tanto tiempo. Solo así dejarás de vivir dormido, dándote cuenta de que no eres la voz que escuchas en tu cabeza. Al margen de las prácticas transformadoras específicas para cada eneatipo que recomienda el Eneagrama, existen otras más genéricas válidas para cualquier tipo de personalidad. El siguiente decálogo es una síntesis muy breve de las principales enseñanzas que comparten todos los místicos de la historia de la humanidad para reconectar con el ser esencial.

1. **Subir la energía vital.** Los seres humanos nos asemejamos a un aparato electrónico. Si nos quedamos sin batería operamos disfuncionalmente hasta que nos apagamos. Es entonces cuando la inconsciencia y la reactividad egoicas se apoderan de nosotros. De ahí que sea fundamental aprender a recargarnos. Cuanta más energía vital acumulamos mayor es nuestro nivel de consciencia y nuestro grado de conexión con el ser. En resumidas cuentas nos conviene menos actividad y más descanso. Menos estrés y más relajación. Menos pantallas y más contacto. Menos sedentarismo y más ejercicio físico. Menos productos ultraprocesados y más alimentos orgánicos. Menos contaminación y más aire puro. Y, en definitiva, menos asfalto y más naturaleza.

2. Respirar conscientemente. Respirar es algo que hacemos de manera inconsciente. Si no, estaríamos todos muertos. Cultivar la respiración de forma consciente es el mejor aliado que tenemos para conectar con nuestra esencia. Principalmente porque el acto de respirar siempre se produce en el momento presente. Darnos cuenta de cómo entra y sale el aire sirve para calmar la mente y estar más en contacto con el cuerpo, arraigándonos a lo verdaderamente real que está aconteciendo aquí y ahora. También provoca que dejemos automáticamente de pensar. De hecho, o pensamos o respiramos conscientemente; no podemos hacer las dos cosas al mismo tiempo. De ahí que centrar la atención en la respiración sea el mejor modo de vivir despiertos.

3. Meditar. Nos pasamos el día llevando a cabo todo tipo de actividades para mantenernos ocupados y distraídos. Y de este modo evitar estar a solas, en silencio y cara a cara con nuestros pensamientos. Para revertir esta situación es esencial dedicar un rato cada día a practicar la meditación. Es decir, a sentarnos en una posición cómoda, en un lugar tranquilo y permaneciendo con los ojos cerrados. Una vez creadas estas condiciones, meditar consiste en observar el flujo incesante de pensamientos que deambulan como autómatas por nuestra mente. Y no engancharnos con ninguno de ellos. Eso es todo. No importa si no somos capaces de dejar de pensar. Lo importante es ser conscientes de nuestro proceso mental. Cuanto más practiquemos mejor nos sentiremos.[23]

4. Entrenar la atención plena. Cuando vivimos dormidos no nos damos cuenta de que estamos hipnotizados por nuestros pensamientos. Y nos autoconvencemos de que lo que pensamos es más real que la realidad en sí misma. Vivir conscientemente pasa por cultivar la atención plena o «mindfulness». Se trata un estado de presencia y de alerta —la consciencia-testigo— que nos permite observar la mente y los pensamientos *desde fuera*. Así, mientras seguimos con nuestros quehaceres cotidianos ya no nos perdemos en el mundo exterior, sino que mantenemos el foco en nuestra forma de mirarlo e interpretarlo. Nuestro mayor reto consiste en pillar *in fraganti* pensamientos potencialmente perturbadores antes de que nos los creamos.[24]

5. Hacer un retiro de silencio y soledad. Una experiencia muy transformadora consiste en algo tan sencillo —y a la vez tan complicado— como realizar un retiro de silencio y soledad. Lo recomendable es ir algún lugar donde no interactuemos con nadie durante al menos una semana. Y a poder ser en un entorno natural sin acceso a dispositivos electrónicos que nos permitan evadirnos. Como mucho podemos llevar un diario para escribir y algún libro sobre espiritualidad para leer. De lo que se trata es de que nos comamos el marrón de lidiar con nuestros demonios internos. Este aislamiento voluntario nos aporta mucha lucidez, pues nos hace darnos cuenta —de manera irrefutable— de que tanto el cielo como el infierno se encuentran dentro de nosotros mismos.

6. Cultivar el desapego. Nada de lo que ocurre en nuestra vida es tan importante como para que perdamos nuestra paz interior. Es fundamental saber relativizar y neutralizar las cosas que nos pasan para que el ego no se venga ni muy arriba ni se hunda muy abajo. Para lograrlo hemos de cultivar el desapego. Es decir, la certeza de que nuestra felicidad no tiene ninguna causa externa. No dependen de nada ni de nadie. Esencialmente porque forman parte de nuestra verdadera naturaleza. Desapegarnos de algo —o de alguien— no quiere decir que no nos importe; significa dejar de intentar poseerlo, soltando la creencia de que puede hacernos felices. De este modo evitamos que ninguna cosa o persona nos posea, sintiéndonos mucho más libres. Y liberados.[25]

7. Amar con mayúsculas. Mientras sigamos identificados con el ego es imposible que podamos amarnos tal como somos. Y mucho menos a los demás y a la vida tal como son. Más que nada porque la posibilidad de amar con mayúsculas queda subyugada a un sinfín de requerimientos realizados por nuestros apegos, deseos, necesidades y expectativas. De ahí que para cultivar el verdadero amor primero tengamos que renunciar conscientemente a todas estas pulsiones egoicas, las cuales son imposibles de colmar, saciar y satisfacer. Amar consiste en salir de nosotros mismos —dejando el ego en un segundo plano— viendo qué es lo que cada situación o persona con la que interactuamos necesita para generar el mayor bienestar posible. Y actuar en consecuencia.

8. Aprovechar la ley de la correspondencia. El universo está regido por «la ley de la correspondencia»,[26] según la cual somos correspondientes con aquellas situaciones y personas que necesitamos para desarrollarnos espiritualmente. En cada momento la vida nos proporciona la experiencia más útil para la evolución de nuestra consciencia. Aunque el ego no lo entienda todo pasa por algo y para algo. Todo lo que sucede forma parte de un propósito pedagógico perfecto y necesario para quien lo vive. No nos ocurre lo que el ego quiere, sino lo que el ser esencial necesita para manifestarse. Cualquier situación adversa que afrontamos contiene siempre una valiosa lección oculta. Nuestro aprendizaje pasa por aprovecharla para nuestra transformación interior.

9. Practicar la autoindagación. Mientras estamos identificados con el ego nuestro relato mental nos cuenta cosas como «*yo* estoy leyendo este libro», «*yo* estoy comprometido con mi desarrollo espiritual», «*yo* debería meditar más»... Si bien el ego cree que es libre de hacer lo que le dé la gana, la verdadera libertad consiste en ser libre del ego. Y esto pasa por practicar la «autoindagación»,[27] la cual consiste en cuestionar cada pensamiento egoico que nos venga a la cabeza. E indagar acerca de su origen. *¿Quién* es el que está pensando? El *yo*. Y eso es precisamente lo que no somos. La identificación con el ego —y su correspondiente encarcelamiento mental— es lo único que nos separa de nuestra esencia. Ser conscientes de ello es el principio de la liberación.[28]

10. Rendirse espiritualmente. El mayor desafío que nos plantea el desarrollo espiritual es rendirnos espiritualmente. Es decir, dejar que las cosas sean naturalmente como son, sin intentar cambiarlas para adaptarlas a nuestros deseos egoicos. En vez de oponernos y resistirnos a lo que sucede, rendirse pasa por darle siempre la bienvenida a lo que acontece, sin mostrarnos excesivamente a favor ni en contra con nada de lo que ocurra. Significa fluir con cómo se va desplegando la realidad, aceptando todo lo que emerge en cada instante, incluyendo nuestros pensamientos, acciones y emociones. Al alinearnos con la voluntad de la vida lo que queremos y lo que sucede es lo mismo. Así es como dejamos de entrar en conflicto y sufrir con *lo que es*.

En la medida en que lleves a cabo estas diez prácticas de desarrollo espiritual —o mejor dicho, que la vida las vivencie a través tuyo— descubrirás lo que significa vivir despierto. Y verificarás empíricamente que este despertar pasa por darte cuenta de que no eres la mente, los pensamientos ni el ego. Y que tampoco eres un *yo* separado de la realidad. Tu verdadera identidad —lo que eres en esencia— es la consciencia neutra e impersonal que es capaz de observar todo este contenido psíquico sin identificarse. Y que en última instancia está unida y conectada con toda la existencia. Ser consciente es el camino y la meta, pues la consciencia es en sí misma la libertad y la liberación que anhelas.

Súmate a la revolución

Si después de leerte este libro quieres sumarte a la revolución de la consciencia te animo a que investigues acerca de los siguientes proyectos que vengo impulsando y liderando desde 2009:

Fundación Utópika. Se trata de un *conscious venture builder* que se dedica a idear, diseñar, crear y financiar compañías con impacto social. Estamos especializados en proyectos educativos y divulgativos revolucionarios orientados a despertar la consciencia de la humanidad y cambiar de raíz la mentalidad de la sociedad. Más información en www.fundacionutopika.org.

Kuestiona. Se trata de una comunidad educativa para buscadores e inconformistas. Su finalidad es transformar vidas a través de programas en formato presencial y *online* orientados a empoderar a nuestros alumnos, de manera que sepan crecer en consciencia y sabiduría en las diferentes áreas de su vida. Más información en www.kuestiona.com.

La Akademia. Se trata de un movimiento ciudadano que promueve educación emocional y emprendedora gratuita para jóvenes de entre dieciocho y veintitrés años. Su misión es acompañar a estos chavales para que descubran quiénes son y cuál es su propósito, de manera que puedan reinventarse y prosperar en la nueva era. Más información en www.laakademia.org.

Terra. Se trata de un proyecto de escuela consciente que promueve un nuevo paradigma educativo, cuya finalidad es ofrecer una verdadera educación a los alumnos de entre uno y dieciocho años. En vez de prepararlos para superar la prueba de la selectividad los acompañamos para disfrutar plenamente de la vida. Más información en www.terraec.es.

Si te apetece seguir conociéndote a ti mismo para erradicar la causa de tu sufrimiento, échale un vistazo a mi curso *online* Encantado de conocerme. Introducción al autoconocimiento a través del Eneagrama. A modo de agradecimiento por la confianza que has depositado en mí al adquirir este libro, te hago un descuento del 50 %. Para beneficiarte solamente tienes que ir a mi web www.borjavilaseca.com, seguir los pasos de compra e introducir el cupón de descuento: GRATITUD50. Si quieres hoy mismo puedes empezarlo desde el salón de tu casa.

Y en caso de que te apetezca vivir este mismo curso de forma presencial te animo a que te desplaces a alguna de las ciudades en las que lo imparto en vivo y en directo, tanto en España como en Latinoamérica. Te prometo que si asistes experimentarás un orgasmo emocional mientras te ríes a carcajadas de tu propio ego, compartiendo tu experiencia con cientos de buscadores de diferentes rincones del mundo. Compartir esta maravillosa herramienta es de las mejores cosas que me han pasado en la vida. Es de lo que más disfruto y más me centra. Por supuesto no te lo creas: ojalá te atrevas a verificarlo. Maktub.

También te invito a que le des una oportunidad a mis «Audiotrainings eneagrámicos». Se trata de una serie de afirmaciones positivas especialmente diseñadas para reprogramar la mente y limpiar el subconsciente de los nueve eneatipos. Descúbrelos en www.borjavilaseca.com.

Bibliografía eneagrámica y notas

Este ensayo no solamente está basado en mi experiencia personal y en la de los participantes de mis cursos. Para la redacción de este libro también he consultado los siguientes ensayos:

- *Eneagrama*, Salvador A. Carrión.
- *Ternura y agresividad*, de Juan José Albert.
- *El Eneagrama infantil*, de Luisa Arribas.
- *El Eneagrama biológico*, de Manuele Baciarelli y Natalia Fernández Díaz.
- *The sufí Enneagram*, de Laleh Bakhtiar.
- *El Eneagrama del mulá Nasrudín*, de David Barba.
- *The modern Enneagram*, de Kacie Berghoef y Melanie Bell.
- *El Eneagrama: los nueve rostros del alma*, de Uwe Böschmeyer y Gerhard E. Solbrig.
- *Aplícate el Eneagrama con el método FACE*, de Victoria Cadarso y Pedro Espadas.
- *Meditación Vipassana y Eneagrama*, de Dhiravamsa.
- *Eneagrama*, de Carmen Durán y Antonio Catalán.
- *¿De dónde demonios salió el Eneagrama?*, de Fátima Fernández Christlieb.
- *Eneagrama*, de José García.
- *Facetas de la unidad*, de A. H. Almaas.
- *Las llaves del Eneagrama*, de A. H. Almaas.
- *Eneagrama*, de Kevin Hallstone.
- *Eneagrama y éxito profesional*, de Ginger Lapid-Bogda.
- *La luz del Eneagrama*, de Josep Lluís Iriberri.
- *El camino de regreso a Él*, de A. J. Sherrill.
- *El Eneagrama: guía para el despertar*, de Daniel J. Siegel.
- *The sacred Enneagram*, de Christopher L. Heuertz y Richard Rohr.

- *The instinctual drives and the Enneagram*, de John Luckovich.
- *Meditación con Eneagrama*, de Yechezkel Madanes y Ruth Madanes.
- *La dimensión espiritual del Eneagrama*, de Sandra Maitri.
- *En tu centro: el Eneagrama*, de Maite Melendo.
- *Vivencias desde el Eneagrama*, de Maite Melendo.
- *Eneagrama*, de Kimberly Moon.
- *Bajas pasiones*, de Gonzalo Morán.
- *El Eneagrama: el origen*, de Macarena Moreno-Torres Camy.
- *El camino de regreso a ti*, de Ian Morgan Cron y Suzanne Stabile.
- *Eneagrama fácil para gente de a pie*, de Rafael Moriel.
- *27 personajes en busca del ser*, de Claudio Naranjo.
- *Carácter y neurosis*, de Claudio Naranjo.
- *El Eneagrama de la sociedad*, de Claudio Naranjo.
- *Eneagrama y trabajo sobre sí*, de Antonio Pacheco.
- *El Eneagrama*, de Helen Palmer.
- *El Eneagrama en el amor y en el trabajo*, de Helen Palmer.
- *El Eneagrama*, de Alberto Pujol.
- *Cambia con el Eneagrama*, de Don Richard Riso.
- *Comprendiendo el Eneagrama*, de Don Richard Riso y Russ Hudson.
- *La sabiduría del Eneagrama*, de Don Richard Riso y Russ Hudson.
- *Tipos de personalidad*, de Don Richard Riso y Russ Hudson.
- *Momentos previos al despertar*, de David Rodríguez.
- *Eneagrama para terapeutas*, de Carmela Ruiz de la Rosa.
- *Conciencia en acción*, de Mario Sikora.
- *Eneagrama: ¿quién soy?*, de Andrea Vargas.
- *Eneagrama: el poder de los instintos*, de Andrea Vargas.
- *Las normas mágicas del Eneagrama*, de Isabel Verde.
- *Encantado de conocerme*, de Borja Vilaseca.
- *Eneagrama*, de José Villa.
- *El Eneagrama*, de Francisco Traver.
- *Eneagrama: dime cómo soy y mi trabajo ideal*, de Allan Trevor.
- *Eneagrama y desarrollo personal*, de Allan Trevor.
- *Eneagrama para padres y educadores*, de Elizabeth Wagele y Pablo Manzano Bernárdez.

1. En 2009, en el Máster en desarrollo personal y liderazgo de la Facultad de Economía.
2. En 2008, en el artículo «Dime cómo lideras y te diré quién eres», del suplemento económico «Negocios», de *El País*. En 2014, en el artículo «¿Por qué somos cómo somos?», de *El País Semanal*. Y en 2017, en el programa *Tips* de La2, entre otros.

3. Como en la escuela consciente Terra: www.terraec.es.
4. Información extraída del libro *¿De dónde demonios salió el Eneagrama?*, de Fátima Fernández Christlieb.
5. Idem.
6. Información extraída del libro *Las llaves del Eneagrama*, de A. H. Almaas.
7. Información extraída del libro *Meditación Vipassana y Eneagrama*, de Dhiravamsa.
8. Información extraída del libro *Bajas pasiones*, de Gonzalo Morán.
9. Información extraída del libro *Eneagrama y trabajo sobre sí*, de Antonio Pacheco.
10. Información extraída del libro *¿De dónde demonios salió el Eneagrama?*, de Fátima Fernández Christlieb.
11. Idem.
12. Información extraída del libro *The sufi enneagram*, de Laleh Bakthiar.
13. Información extraída del prólogo de Russ Hudson del libro *The instinctual drives and the Enneagram*, de John Luckovich.
14. Idem.
15. Información extraída del libro *¿De dónde demonios salió el Eneagrama?*, de Fátima Fernández Christlieb.
16. Información extraída del prólogo de Russ Hudson del libro *The instinctual drives and the Enneagram*, de John Luckovich.
17. Información extraída del libro *Bajas pasiones*, de Gonzalo Morán.
18. https://elpais.com/diario/2009/02/15/negocio1234709248_850215.html
19.. Información extraída del libro *The sufi enneagram*, de Laleh Bakthiar.
20. El creador de esta corriente fue Claudio Naranjo, quien los llamó «subtipos».
21. Término creado por Don Richard Riso.
22. Información extraída del libro *La sabiduría del Eneagrama*, de Don Richard Riso y Russ Hudson.
23. Idem.
24. Idem.
25. Idem.
26. Desarrollada por Gerardo Schmedling.
27. Desarrollada por Sri Ramana Maharshi.
28. Información extraída del libro *Las casualidades no existen*, de Borja Vilaseca.